KB113104

내 인생을 바꾼
책 쓰기의 힘

이 책을 소중한

_____님에게 선물합니다.

_____ 드림

· '나'라는 상품을 비싸게 파는 비법 ·

내 인생을 바꾼
책 쓰기의 힘

| 김도사 · 이지현 외 36인 지음 |

위닝북스

성공해서 책을 쓰는 것이 아니라 책을 써야 성공한다

〈한국책쓰기1인창업코칭협회〉의 김태광 대표 코치는 "성공해서 책을 쓰는 것이 아니라 책을 써야 성공한다."라고 말한다. 누구나 '죽기 전에 책 한 권 쓰기'라는 버킷리스트 하나쯤은 가지고 있을 것이나. 하시만 지금 당장 써야겠다는 생각은 하지 못한다. 성공해야 책을 쓸 수 있다는 고정관념 때문이다.

'한 사람의 인생이 책을 쓰고 달라진다는 것이 정말 가능할까?'

처음부터 작가로 태어난 사람은 없다. 책을 쓰기 시작하면서 지금까지 내가 살아왔던 시간을 떠올려 보게 된다. 잊고 있던 경험이 생각나기도 한다. 그 안에서 얻게 되는 지혜와 깨달음, 비결이 책의 소재가 된다. 작가는 책을 집필하면서 자신의 가치를 깨닫게 된다. 집필 후에는 성취감을 얻고 잃었던 자신감을 회복하기도 한다. 이뿐만 아니라 책은 우리의 삶을 완전히 바꿔 주는 도구가 되기도 한다. 책을 읽고 독자들이 찾아오기도 하며, 강연 요청, 칼럼 기고, 언론 인터뷰 등 평범했던 사람에게 새 삶의 '기회'가 주어진다.

이제 독자에 머물러서는 안 된다. 누구든지 책을 쓰고 작가가 되어 인생을 바꿀 수 있다. 이 책의 작가들 또한 자신의 인생이야기를 글로 써서 인생을 바꾼 사람들이다. 작가의 삶, 이제 더 이상 남의 이야기가 아니다. 내가 머뭇거리는 동안 수많은 사람들이 도전하고 있다는 사실을 잊지 말자. 당신도 인생을 바꾸고 싶은가? 그렇다면 지금 당장 책 쓰기에 도전해 보라.

2018년 10월
신상희

CONTENTS

프롤로그

내
인
생
을

바
꾼

**책
쓰
기
의
힘**

1-8

김도사 이지현 이시현 박지혜

김희진 김광율 박진희 이그래

01

가장 빨리 작가 되는 법,
〈한책협〉에서 배워라

김도사 〈한책협〉 대표이사, 대한민국 대표 책 쓰기 코치, 출판 기획자, 200권의 저서 출간,
초·중·고등학교 16권 교과서에 글 수록

저술과 강연을 통해 수백 명을 작가와 강연가, 코치, 컨설턴트로 만들었으며, 지금까지 200여 권의 책을 집필했다. 2018년 〈코리아 베스트 의정&미래를 여는 산업 대상〉, 〈대한민국혁신대상 책 쓰기 코칭 부문 대상〉, 〈한국브랜드만족지수 교육(책 쓰기 코칭) 부문 1위〉, 〈대한민국 브랜드 파워 대상 책 쓰기 코칭 부문 대상〉을 수상했다. 현재 네이버 카페 〈한국책쓰기1인창업코칭협회〉를 운영하고 있으며, 저서로는 《반 꼴찌, 신용불량자에서 페라리, 람보르기니 타게 된 비법》, 《가장 빨리 작가 되는 법》, 《김 대리는 어떻게 1개월 만에 작가가 됐을까》 외 200여 권이 있다.

• Email vision_bada@naver.com
• Instagram kimdosaa
• Cafe www.bookuniversity.co.kr
• Youtube 김도사TV

나는 22년간 책 쓰기라는 외길을 걸어오면서 200여 권의 책을 출간했다. 이 과정에서 대한민국에서 가장 빨리 책을 기획하고, 제목을 만들고, 목차를 구성하고, 원고를 쓰는 법을 터득했다. 그리고 이렇게 터득한 책 쓰는 법을 사람들과 공유하기 위해 네이버 카페 〈한국책쓰기1인창업코칭협회(이하 한책협)〉를 운영해 오고 있다.

그동안 〈책 쓰기 과정〉을 통해 700여 명을 작가, 강연가, 코치로 배출했다. 뿐만 아니라 2025년까지 작가 2,000명 배출을 목표로 목숨 걸고 코칭하고 있다. 2018년 올해에만 90명의 수강생들이 출판사와 계약했고 매주 책이 출간되고 있다. 나에게서 책 쓰기 수업을 받는 사람들은 보통 한 달 만에 원고를 쓴다. 그러곤 투고한 지 10분도 채 안 되어 여러 군데 출판사로부터 계약하고 싶다는 연락을 받는다. 그리고 1~3개월 후 책이 출간된다. 책 출간 후에는 독자일 때는 몰랐던 엄청난 일들이 일어난다. 자신의 책을 읽은 독자들에게 조언, 코칭, 컨설팅해 줄 기회가 생기고, 저자 강연 요청이 오기도 한다. 심지어 TV 출연 요청을 받기도 한다.

　나의 저서《가장 빨리 작가 되는 법》에서 한 말이다.

"사람들은 나를 '베스트셀러 제조기', '마이더스의 손' 출판기획자라고 말한다. 〈한책협〉 출신 수강생들이 출판사에 투고하면 흥미로운 일들이 일어난다. 보통 투고하면 답신을 받기까지 1~2주 정도가 걸린다. 하지만 〈한책협〉 출신 작가들은 아침에 투고하고 오후에 계약하는 편이다. 출판사들은 〈한책협〉에서 코칭받은 것을 알면 반색한다. 그러곤 나에게 "잘 부탁드린다."라는 전화 혹은 문자를 보내온다. 자기네들과 계약하게끔 선한 영향력을 끼쳐 달라는 것이다. 6년 전 〈한책협〉을 설립할 때 나는 '〈한책협〉에서 배운 사람들은 모두 많은 출판사의 인정을 받으며 갑의 위치에서 계약한다'라는 비전을 설정했었다. 그런데 지금 〈한책협〉은 공히 대한민국에서 1등 책 쓰기 성공학 교육회사가 되었다."

현재 많은 책 쓰기 코치들이 있다. 이들 대부분이 내가 진행하는 〈책 쓰기 특강〉, 〈책 쓰기 과정〉을 수료한 제자들이다. 안타깝게도 이들은 한두 권의 저서를 쓰고 책 쓰기 코칭을 한다. 그런 만큼 성과가 미미하다. 사실 나는 그들이 내 수업을 듣고 책 쓰기 코칭을 하리라는 것을 알았더라면 절대 그들을 코칭하지 않았을 것이다. 책 쓰기 코칭은 절대 아무나 할 수 있는 분야가 아니기 때문이다. 과거의 나는 저서 100권을 출간하고 책 쓰기 코칭을 시작했다. 하지만 많은 부담감과 어려움이 있었다. 그러니 한두 권의 책을 쓰고 코칭을 한다는 것은 감히 상상도 못할 일이다.

내가 진행하는 책 쓰기 수업 방식은 특별하다. 보통의 코치들과 엄연히 다르다. 나는 〈책 쓰기 과정〉에 등록한 수강생들이 보내온 자기소개서를 미리 읽어 본다. 이 과정에서 어떤 주제를 선정하면 좋을지 고민하는 것이다. 그리고 책 쓰기 수업에 들어간다. 1주 차에는 수강생들에게 맞는 주제를 정해 주고, 2주 차에는 출판사들이 좋아하는 제목과 목차의 장제목 뿐만 아니라 꼭지 제목들까지 만들어 준다. 〈한책협〉은 내가 내주는 과제만 열심히 해도 뚝딱 제목과 목차가 나오는 구조로 되어 있다. 내가 수강생들에게 만들어 준 책 제목과 목차의 대부분이 출판 계약 후 그대로 사용되고 있다. 그동안 100여 개의 제목이 그대로 사용되었다. 그중 몇 권을 예로 들면 다음과 같다.

정현지 《학교에 배움이 있습니까?》, 박혜경 《나는 에티하드 항공 승무원입니다》, 이순희 《나는 동대문시장에서 장사의 모든 것을 배웠다》, 조자룡 《1년 만에 중국어 통역사가 된 비법》, 이은지 《여자아이 강하게 키우기》, 임원화 《스물아홉, 직장 밖으로 행군하다》, 오광조 《불안감 버리기 연습》, 김운영 《남편을 보면 아내가 보인다》, 정성원 《취업하려고 이력서 1000번 써봤니?》, 김슬기 《이기는 독서》, 이주현 《내 아이를 위한 생각수업》, 김미옥 《13세 전에 완성하는 독서법》, 김혜경 《하브루타 부모 수업》

나에게서 책 쓰기를 배운 사람들은 작가에 머물지 않는다. 코치, 강연가, 1인 창업가로 활동한다. 지식과 경험, 어떤 분야의 원리와 비법을 사람들에게 대가를 받고 판다. 이들 중에 연봉 수억 원에서 수십억 원의 수입을 올리는 이들도 있다. 그 가운데 대표적인 예를 들어 보자. 신상희 작가는 《SNS 마케팅이면 충분하다》를 펴내고 〈한국SNS마케팅협회〉를 운영하며 억대 수입을 올리고 있다. 최정훈 코치는 《1인 지식 창업의 정석》을 펴낸 후 1인 창업을 준비하는 작가들에게 자신의 지식과 경험, 비결을 전수해 주며 월 2,000만 원가량의 수익을 올리고 있다. 김서진 작가는 《돈이 없을수록 부동산 경매를 하라》를 출간하고 〈한국경매투자협회〉를 운영하고 있다. 유튜브를 통해 잘 알려진 김새해 작가도 몇 년 전 〈한책협〉의 〈공동저서 과정〉을 통해 책 쓰는 법을 알게 되었다. 그러곤

《내가 상상하면 꿈이 현실이 된다》를 펴냈다. 지금은 코치로 활동하며 큰 수익을 올리고 있다. 베스트셀러《9등급 꼴찌, 1년 만에 통역사 된 비법》의 저자인 장동완 작가 역시 내가 〈한책협〉에서 100여 명을 대상으로 한 특강을 듣고 포기하려던 책 쓰기에 다시 도전해 작가의 꿈을 이루었다.

　허지영 작가는 항공사에서 근무하다 퇴직한 후 블로그 쇼핑몰을 운영하면서《나는 블로그 쇼핑몰로 월 1,000만 원 번다》를 펴냈다. 책 출간 후 그녀의 삶은 완전히 달라졌다. 이나금 작가는《나는 쇼핑보다 부동산 투자가 좋다》를 펴내고 청담동에서 〈직장인을 위한 부동산투자연구소〉를 운영하고 있다. 지인 관계인 이지연 작가와 박경례 작가는 책을 쓰기 위해 〈한책협〉을 찾았다가 각각《나는 부동산 투자가 가장 쉽다》,《부자가 되고 싶다면 부동산 투자를 하라》를 펴냈다. 그러곤 성남시 분당에서 〈30대를 위한 부동산연구소〉를 운영하며 자신들의 부동산 지식과 경험과 비결로 평범한 사람들을 부자로 만드는 데 도움을 주고 있다. 생식전문회사에서 연구원으로 근무하고 있는 신성호 작가는《하루 한 끼 생식》을 펴내고 강연 등으로 바쁜 나날을 보내고 있다. 그 외에도 임동권 작가는《10년 안에 꼬마 빌딩 한 채 갖기》를 펴낸 후 TV에 출연했는가 하면 코치, 컨설턴트, 강연가로 활동하고 있다. '아빠 육아'로 잘 알려진 양현진 작가도 1년 전 나의 〈책 쓰기 과정〉을 수강한 후《아빠 육아 공부》를 펴냈다. 그 뒤 TV에 출연하고 대통령 직속 자문

위원단으로 초빙되는 등 활발하게 활동하고 있다.

나는 책 쓰기야말로 진짜 자기계발이라고 말한다. 이 책을 읽는 여러분 역시 당장 책 쓰기를 시작하라고 말하고 싶다. 여러분이 지구별에 태어난 것은 반 평 남짓한 책상에 갇혀 소처럼 일만 하기 위해서가 아니다. 꿈과 비전을 이루고 최고의 충만한 경험을 해 보기 위해서다. 시간은 계속 흘러간다. 짧은 인생을 직장에 처박혀서 썩혀선 안 된다. 너무나 소중한 삶이지 않은가.

지금 당장 만사 제치고 책을 펴내 작가, 코치, 강연가, 1인 창업가로 활동해야 한다. 여러분이 가진 지적 자산으로 1인 창업을 해야 한다. 제대로 준비한다면 몇 년 후 눈부신 인생 2막을 맞이할 것이다. 시행착오 없이 단기간에 1인 창업가가 되고자 한다면 〈한책협〉에 가입하면 된다. 이곳에서는 현재 2만 여 명의 사람들이 작가, 코치, 강연가, 1인 창업가가 되기 위해 노력하고 있다.

한 달에 2회 진행하는 〈1일 특강〉에 참여해 보라. 앞서간 선배들의 책 출간 소감과 성공 소감 등을 들을 수 있다. 그리고 그들과 소통하는 멋진 경험을 할 수 있다.

02

청소년들을 위한 작가 되기

이지현 〈한국진로학습코칭협회〉 대표, 청소년 진로 및 자기주도학습 전문가, 교육 컨설턴트, 코치, 부모상담가

대한민국 교육의 변화를 꿈꾸는 1인이다. 트렌드가 아닌 '교육은 백년대계'라는 말을 실천할 수 있는 지속가능한 교육 콘텐츠를 연구하며 집필, 강연, 코칭, 컨설팅을 하고 있다. 《10대를 위한 공부습관의 힘》 외 7권의 책을 출간했으며 청소년에게 새로운 진로의 문을 열어 주는 책 쓰기 과정을 진행 중이다.

• Email hyun7578@naver.com
• C·P 010.7268.2313
• Blog blog.naver.com/hyun7578
• Kakaotalk youthcoach

나는 15년차 청소년 진로학습코치다. 이 일을 한 지 10년이 넘어갈 때쯤, 나는 제자들의 성공과 실패, 변화들을 담은 책을 쓰고 싶었다. 그리고 4년 만에 작가가 됐다. 《10대를 위한 공부 습관의 힘》이라는 첫 개인저서를 출간했다. 이 책은 청소년과 그 부모들에게 도움을 주고자 하는 간절한 마음으로 집필했다.

책이 완성될 무렵, 나는 특별한 것을 깨닫게 됐다. 책 쓰기는 처음이라 막연하게 어려울 것이라고만 생각했다. 물론 나의 경험과 노하우, 풍성한 사례들을 모두 담기에는 쉽지 않았다. 하지만 그 과정들을 통해서 내가 갖고 있는 것이 진짜 보물임을 발견했다. 청소년과 그 부모들을 만나 상담하고 코칭하며 그들이 겪는 문제들을 해결해 주기 위해 엄청난 에너지와 감정을 사용했고 수많은 노력을 오랫동안 해 왔다. 책 쓰기를 하며 그 동안 얻은 노하우와 지혜가 얼마나 값진 것임을 알게 된 것이다.

개인저서를 쓰기 전에《보물지도 11》이라는 공저를 먼저 집필하고 출간했다. 버킷리스트가 주제인 책이었다. 나의 소중한 버킷리스트 다섯 가지를 담았다. 그 꿈은 늘 머릿속에 있었다. 그러나 글을 써 내려가며 꿈이 더욱 구체화가 되었고 글이 완성되었을 무렵 꿈을 이룬 이미지가 생생하게 떠올랐다. 그 꿈이 정말 이루어진 것 같은 느낌을 받았다. 그래서 참 감사하고 행복했다.

나는 이 경험을 바탕으로 새로운 꿈에 도전했다. 현재 〈한국진로학습코칭협회〉대표로 꿈을 펼쳐가고 있고, '청소년 책 쓰기' 과정을 연 것이다. 참여하는 청소년들은 버킷리스트를 주제로 책을 쓴다. 아이들은 처음엔 어렵지 않을까 생각하지만 전혀 그렇지 않음을 쓸수록 느낀다. 학교에서 과제로 해 가는 글쓰기는 의무적으로 하는 것이라 즐겁지 않다. 그러나 이 책 쓰기는 자신이 원하는 꿈을 상상하고 담는 것이라 훨씬 즐겁다.

"제가 원하는 꿈을 글로 쓰니까 생생하게 느껴지고 글로 구체화하니 이룰 수 있다는 자신감도 생겨요."

"제가 원하는 것에 대해 적으니 글이 술술 써져요."

'청소년 책 쓰기' 과정에 참여한 현준 학생이 인터뷰에서 자신의 책 쓰기 경험에 대해 직접 말했다. 그의 부모는 아들이 많이 변화했음을 고백했다.

"지인을 만나러 가는데 현준이를 데리고 갔어요. 식사 내내 자신의 꿈에 대해 확고하게 말하는 모습을 보고 깜짝 놀랐어요. 그분이 이렇게 당당하게 자신의 꿈을 말하는 중학생은 처음 만나본다며 칭찬을 하시더라고요."

실제로 '청소년 책 쓰기'에 참여하고 있는 학생들은 10대들이다. 성적이 좋거나 나쁘거나, 글을 잘 쓰거나 못 쓰거나 등의 기준으로 참여하고 있지 않다. 단지 버킷리스트가 있다면 참여할 수 있다. 버킷리스트는 시간을 갖고 생각해 보면 누구나 정할 수 있다. 하고 싶은 일, 가고 싶은 곳, 배워보고 싶은 것 등 다양하게 적어보면 책에 담고 싶은 보물 같은 버킷리스트를 발견한다.

현준이는 책 출간을 앞두고 있는 학생인데 중학교 3학년 1학기에 '학생회장 되기'와 졸업 전에 '전교 1등 하기'라는 새로운 목표가 생겼다. 자신감이 많이 향상됐고 긍정적인 미래지향성이 내면에 자리 잡았다.

"코치님, 학생회장이 되고 싶은데 선거 운동을 어떻게 하면 될까요?"

"책이 출간되면 교장 선생님과 교감 선생님, 담임 선생님께 사인을 직접 해서 선물을 드리렴. 그리고 친한 반 친구들에게도 알려 서점에 내 책이 판매되고 있고 정식 작가가 됐음을 말하자."

"회장 선거 때 책을 보여주며 책에 담은 너의 꿈을 선포하면 돼. 네가 얼마나 대단한 사람인지 알리는 방법이야."

이 말을 들은 현준이는 얼굴에 웃음꽃이 활짝 폈다. 자신의 꿈이 이루어진 듯 행복해했다. 책이 출간되면 '청바시'라는 북 콘서트가 열린다. '청바시'는 '청소년이 바뀌는 시간'의 줄임말로 책에 담은 자신의 꿈에 대해 강연을 하는 자리이다. 가족과 친척들, 지인들과 친구 등이 함께 와 청소년 작가들을 진심으로 응원해주고 축하해준다.

교양 프로그램 〈세상을 바꾸는 시간, 15분〉(이하 세바시)은 유명한 강사나 명사들이 나와 15분 강연을 한다. 나는 그것을 보다가 '청바시'라는 아이디어를 얻었다. 세상을 바꾸는 사람들이 다음 세대인 10대들이면 더욱 의미 있지 않을까 하는 생각이 들었다. 자신을 바꿀 수 있는 사람이 세상도 바꿀 수 있다. 나는 '청바시'에 참여하는 청소년들이 세상을 바꾸는 인재들로 자라날 것을 믿는다.

나의 첫 개인저서는 《10대를 위한 공부 습관의 힘》이다. 15년 간 청소년들을 만나 학습 및 진로에 대한 상담 및 코칭을 해온 경험과 노하우를 담았다. 내가 생각하는 교육이란 무엇인지가 담겨있다. 나는 교육이란 안에서 밖으로 꺼내주는 것이라고 생각한다. 대한민국 교육은 아이들에게 많은 것을 주입하는 시스템으로 이루어져 있다. 그래서 대학을 졸업한 성인들이 사회에서 활동하면서 평생교육을 통해 진정 자신이 하고 싶은 분야의 학위를 취득하러 가는 일이 잦다.

누구나 재능이 있고 그것을 발견해 최대한 발휘할 수 있도록 도와주는 것이 교육의 역할이라고 생각했기에 나는 글쓰기, 리더십, 진로, 자기주도 학습, 책 쓰기를 배웠고 현재도 가르치고 있다. 내가 배운 것은 정규과정인 학교에서보다 그 분야의 전문가에게 직접 배운 것이 많다. 지식은 내 것으로 만들기 전까지 정보에 불과하지 않은가. 그래서 지식이 어떻게 활용되고 적용되는지를 현장에서 직접 배우려고 많은 노력을 기울였다.

책 쓰기는 21세기 진정한 자기계발이라는 것을 작가가 되면서 깨달았다. 어떤 주제로 책을 쓰더라도 그 주제와 관련된 자신의 경험을 떠올리게 된다. 그러면서 삶을 돌아보는 자기성찰의 계기가 됐다. 한 주제에 대해 300페이지 가까운 분량의 글을 써보면 어떤 사람이든 그 주제에 대해서 정리가 되고 체계화가 된다. 나는 개인 저서를 쓰면서 청소년들에게 책 쓰기를 가르쳐야겠다는 생각을 하게 됐다. 결국 청소년 책 쓰기 과정을 개설했고, 출판사와 MOU 체결을 통해 실제 출간까지 진행했다.

주입식 교육을 받아 21세기를 준비할 수 있는 교육인지 아닌지 판별할 수 없는 청소년들, 실제 공부란 자신이 원하는 사람이 되기 위한 준비과정임에도 시켜서 하는 현실이 청소년을 사랑하는 1인으로서 눈물이 난다. 나는 현재 하고 있는 교육이 대한민국에 새로운 교육 패러다임으로 정착되길 원한다. 청소년들이 스스로 삶을 개척하고 창조할 수 있는 인재로 성장하고, 성공적인 삶을 준비하는 10대를 보내길 바라는 마음이 누구보다 간절하다.

오늘날은 100년 전 변화의 속도가 현재 10년도 채 되지 않아 급변한 4차 산업 혁명 시대다. 이 변화의 속도는 더 빨라지고 있다. 새로운 환경에 적응하고 새로운 정보를 자신의 것으로 만드는 능력이 중요하다. 입시 위주의 교육만으로 아이들의 자존감은 바닥에 떨어지고 1등만 살아남는 환경에서 미래의 꿈나무들은 방황한다.

'Input'이 아닌 'Output'이 진정한 교육이다. 아이들이 자신의 잠재력과 가능성을 마음껏 발휘할 수 있는 교육환경을 만들어 가는 과정 중 책 쓰기 교육은 내게 보물이다. 이미 책 쓰기를 통해 놀라운 변화를 경험하고 있는 학생들의 모습이 눈앞에 펼쳐지고 있다. 앞으로 10년 뒤를 상상하면 가슴이 벅차다.

책 쓰기는 나의 가치를 높이는 일을 했을 뿐 아니라 언제나 꿈꿨던 꿈에 더욱 빠르게 다가가는 길을 알려주었다. '청소년 자존감'을 주제로 한 내 개인저서가 곧 출간을 앞두고 있다. 공부를 왜 해야 하는지에 대해 알지도 못하는 청소년들이 공부를 하다 실패하고 자존감마저 잃은 이야기를 담았다. 이 책은 행복해야 할 10대들을 위해 집필했다.

나는 도움이 필요한 청소년들에게 책을 통해 문제를 해결하는 방법과 노하우를 알려줄 수 있다. 책 쓰기는 다양한 유익을 통해 언제나 나를 깨운다. 나다울 수 있는 꿈을 꾸게 하고 사회에 유익한 가치를 제공하는 사람이 되게 한다.

책 쓰기로 행복을 느끼고
영향력 있는 사람 되기

이시현 〈한국재취업연구소〉 대표, 경력단절 드림코치, 커리어 컨설턴트, 동기부여가

〈한국재취업연구소〉를 운영하고 있다. 여성들의 진로 방향과 커리어에 대해 컨설팅해 주며 그들에게 인생 2막의 비전을
제시하는 재취업코칭을 진행하고 있다. 저서로는 《버킷리스트 17》이 있고, '경단녀를 위한 재취업 공부법'을 주제로 한
개인저서의 출간을 앞두고 있다.

- Email emillyanna@naver.com
- C · P. 010.4193.3040
- Facebook richmam0105
- Blog blog.naver.com/kwangruyr
- Instagram richmam0105

나는 끊임없이 책을 읽어 왔다. 20대 시절, 실연의 아픔을 이겨
내기 위해 선택한 것이 책 읽기였다. 책을 읽고 있으면 나 자신이
발전하는 기분이 들었다. 나의 손에는 끊임없이 책이 들려 있었다.
시간이 흐른 후, 나 역시 다른 여성들처럼 결혼생활을 시작하게 되
었다. 결혼생활에서도 역시 길잡이가 되어 준 것은 책 읽기였다.

'행복한 결혼생활' 관련 도서와 '육아서적' 등 책에서 정보를 얻
어 가며 노력하는 독자의 삶을 살아갔다. 작가가 된 성공한 사람들
의 조언을 나의 일상에 접목시킴으로써 나 또한 성공의 길을 가고

싶었던 것이다.

결혼 후, 사회와 단절된 8년의 시간 동안 단절되지 않은 한 가지는 책이었다. 나는 경력단절 8년의 여성이었다. 누군가는 8년 동안 육아를 하며 버틴 것이 대단하다고 놀라움을 표현하기도 한다. 하지만 내가 8년의 경력단절이 길었다고 느낀 건 사회생활을 다시 시작하고 나서부터다.

항상 만나는 사람들은 전업주부들이었다. 다람쥐 쳇바퀴 돌듯이 비슷한 일상으로 하루하루를 채워 나갔다. 그동안 얼마나 가치 있는 시간을 흘려보냈는지 알지 못했다. 나와 마찬가지로 지금도 경력단절을 겪고 있는 여성은 자신의 변화를 꿈꿀 것이다. 하지만 그 시간의 소중함을 깨닫지는 못하고 있을 수도 있다. 현실에 치여 모든 것에 지쳐 있기 때문에 그렇다는 것을 나는 너무도 잘 알고 있다.

내가 시간의 가치와 나의 가치를 알게 된 건 책을 쓰면서였다. 워킹맘이 되어 다시 사회에 나왔을 때 가장 필요했던 것은 사회에 잘 적응할 수 있는 빠른 방법들과 여성이 성공할 수 있는 조언들이었다. 사업을 시작한 나는, 그 분야에서 성공한 사람들의 책을 읽어 나갔다. 그들이 성공했던 방법들이 궁금했기 때문이다. 나에게 부족한 부분들을 채워 나가기 시작한 것이다.

성공한 많은 사람들이 추천해 주는 것 중의 하나가 바로 100권의 책 읽기 플랜이다. 그들이 쓴 책에는 전문분야의 다양한 서적을 섭렵해야 한다는 이야기들로 가득하다. 나 또한 그 방법이 성공으로 갈 수 있는 지름길이라고 생각하고 있었다.

그러다 나는 나에게 인생의 터닝 포인트가 되어 준 두 번의 만남을 갖게 된다. 내 사업을 위해 읽었던, 《고객이 스스로 사게 하라》의 저자 신상희 대표와의 만남이 첫 번째다. 그녀를 통해 사업에 도움이 될 수 있는 정보들을 얻었다. 그 정보들을 사업에 접목시키며 사업을 확장해 나갔다. 그럼에도 불구하고 나는 채워지지 않는, 성공에 대한 목마름을 느끼고 있었다. 열정과 에너지를 투자하는 것에 비해 내가 얻는 것들이 적다고 느꼈기 때문이다.

내가 다시 시작한 일은 화장품 판매업이다. 사무실을 오픈하고 다양한 여성들을 만나며 사업을 시작하게 되었다. 20대 시절부터 꾸준히 해 왔던 일이었기 때문에 잘할 수 있었다. 그런데 일을 하면서 나는 화장품 판매보다 여성들이 일자리에 열정을 갖길 원하고 있었다. 육아와 현실에 지쳐 있는 그녀들이 자신을 바로 볼 수 있는 시간을 갖길 원했다.

내가 이런 삶을 원하고 있다는 걸 알게 된 것은 책을 쓰기 시작하고 나 스스로를 들여다보면서다. 이런 나를 발견해 준 사람은 신상희 대표다. 그녀는 자신이 걸어온 길과 같은 길을 걷기 시작하는 나에게 많은 조언을 아끼지 않았다. 나의 스토리를 책으로 쓰라고 권유했다.

작가들만 책을 쓰는 것이라고 생각하고 있던 나는 책 쓰기를 권유받고 내 안에서 알지 못하는 꿈틀거림을 발견하게 되었다. 그녀의 도움으로 나는 책 쓰기의 일인자 〈한책협〉의 김태광 대표 코치를 만나게 되었다. 그것이 내 인생 최고의 터닝 포인트였다고 이야기하고 싶다. 김태광 대표 코치는 이렇게 말했다.

"성공해서 책을 쓰는 것이 아니라 책을 써야 성공한다."

성공한 사람들은 끊임없이 책을 출간하고 있다. 하지만 정작 그들은 책을 읽으라고만 하지 자신의 자기계발 방법이 책 쓰기라고 알려 주지 않는다는 사실을 깨달았다. 추천도서를 알려 주는 성공한 사람들이 왜 책을 쓰라고는 하지 않았을까? 책 쓰기를 하면서 그 궁금증은 해결되어 갔다.

독자에서 저자의 삶을 살기로 선택한 나는, 8년의 경력단절을 극복하고 시작한 사업을 과감하게 정리했다. 진정으로 내가 하고 싶은 일은 책 쓰기라는 것을 깨달았기 때문이다. 나의 이야기를 적어 가며 확고한 나의 소명을 깨닫게 되었다. 나는 항상 기도로 나만의 의식을 채우며 원고를 집필해 나갔다. 나의 진심이 담겨 있는 스토리가 누군가에게 희망이 되길 바라면서.

책을 쓰며 하나씩 나의 스토리가 책에 담길 때마다 진정한 나를 발견하게 된다. 오랫동안 내가 해 왔던 뷰티업종의 일 안에 또 다른 내가 있다는 것을 알게 되었다. 그동안의 나는 화장품을 판매하고 있지 않았던 것이다. 직원들에게 일할 수 있는 동기부여를 해 주었고 그들이 꿈을 갖고 일하길 원하고 있었다. 지금 하고 있는 일이 최종 목적지가 아니라고 직설적으로 이야기하기도 했다. 꿈을 찾기 위해 할 수 있는 일을 선택한 것이라고도 이야기했다. 그리고 시간을 허비하지 말고 일하면서 자신을 확인하라고 이야기했다. 나의 20대에도, 다시 시작한 30대에도 내가 원하고 있던 일이 책을 쓰기 시작하면서 모습을 드러내기 시작했다.

20대 여성들은 이직과 전직을 고민하며 스펙을 쌓아 가기 위해 무던히도 노력한다. 그러다 출산을 하고 경험해 보지 않은 육아를 접하면서 많은 감정들을 느낀다. 나 역시도 그러했다. 평범한 여성으로서 결혼하고 출산하며 항상 잘나기만 할 것 같았던 내가 경력단절을 겪게 되었다. 사회생활을 꾸준히 해 왔넌 나녔기 때문에 바뀐 상황은 우울증을 불러왔다. 하지만 나 자신은 우울증이 왔는지도 모른 채 일상의 소중함을 잃어 가고 있었다.

흔히들 말하는 독박육아는 나의 감정을 하루에도 몇 번씩 변화시켰다. 아이의 상황에 따라 웃기도 울기도 했다. 그 안에 오롯한 나의 자리는 없었다. 모든 상황은 나를 제외한 주변 상황에 맞춰졌다. 그 속에서 나는 행복하다고 눈물을 흘리며 스스로를 위로

해 볼 뿐이었다. 아이의 기상시간에 맞춰 엄마의 하루 일과는 시작된다. 엄마의 일상은 단순하다. 아이가 울면 안아 주고 배고파하면 젖 먹이고, 불편해하면 기저귀를 갈아 줄 뿐이다.

첫째 아이는 사랑을 확인하고 싶어 하며 끊임없이 자신을 봐 달라고 했다. 이런 단순하고도 피곤한 일상들이 나를 궁지에 몰아넣고 있었다. 아이들을 재워 놓고 거실로 나오면 어질러진 장난감들과 엉망이 된 주방을 보며 또 움직거린다. 그렇게 내 몸은 끊임없이 움직인다. 하지만 하염없이 흐르는 눈물조차도 나에겐 사치다.

눈물조차 허락되지 않는 나. 그 어디에도 나의 자리는 없었다. 눈물을 흘리며 나의 감정에 빠져 있다 보면 잠자리에서 뒤척이던 아이가 엄마를 찾기 시작한다. 그리고 이런 일상은 매일 반복된다.

워킹맘이 되어 일상이 변화되었다고는 이야기하지 않겠다. 하지만 나는 여성들에게 일을 하라고 권하고 있다. 일해야 하는 이유와 인과 인상의 균형점을 책 쓰기를 통해 깨달았기 때문이다. 나 역시도 평범했지만, 나는 책 쓰기로 이런 평범함을 비범하게 바꾸었다. 일상을 정보로 바꾸는 힘이 생겼다.

책을 쓰며 기존보다 더 많은 책을 읽어 나갔다. 하지만 그전에 읽던 방법과는 달라졌다. 책의 내용이 나의 생활에 흡수되기 시작했다. 독자였을 때 책을 받아들였던 의식과 저자가 되어 책을 받아들이는 의식에 차이가 나기 시작했다. 책 쓰기를 통해 나의 경험과 일상들을 정보로 바꾸는 힘이 생겨난 것이다. 그리고 성공한 사람들이 지속적으로 책을 쓰는 이유를 알고 성공의 관점이 바뀌게 되었다.

내가 생각하는 성공이란, 사람들이 자신의 가치를 스스로 느끼게 도와줄 수 있는 사람이 되는 것이다. 그런 만남들을 통해 행복을 느끼고 즐거움을 찾을 수 있는 나는 성공한 사람이다. 그리고 책 쓰기로 내가 원하는 삶에 다다를 수 있는, 영향력 있는 사람이 되었다. 앞으로도 나의 책 쓰기는 꾸준할 것이다.

독자에서 저자로, 배움을 얻는 자에서 배움을 줄 수 있는 위치로 만들어 주는 책 쓰기는 최고의 자기계발이다. 나를 성공한 여성으로 이끌어 주는 지렛대다.

04

책 쓰기를 통해 내 꿈을 현실화하기

박지혜 직장인, 자기계발 작가, 동기부여가

제대로 영어공부를 한 지 5년 차이며 매일 새벽 영어공부로 하루를 시작하고 있다. 공부하는 생활 습관을 바탕으로 현재 직장인들에게 들려줄 '새벽시간을 활용한 영어공부법'을 주제로 개인저서를 집필 중이다.

• Email wlgpdmlalth@hanmail.net　　　　　　• C·P 010.6299.0315

지난 7월, 《보물지도 15》 공동저서를 마쳤다. 책이 아직 출간되지는 않았다. 그러나 내 생애 치유으로 책 쓰기에 도전함으로써 평소 느껴 보지 못했던 새로운 감정을 경험했다. 책 주제는 이루고자 하는 버킷리스트였다.

나는 매년 12월이 되면 새해를 맞이해 다이어리를 구매한다. 스무 살 때부터 매년 구매해 왔다. 거기에다 그해 이루고 싶은 희망 사항을 꼼꼼히 정리해 두곤 했다. 정리하는 스타일도 매년 조금씩 달랐다. 학창 시절 노트 필기하듯이 페이지에 한 줄씩 작성하기, 1년치를 한꺼번에 표로 나누기, 월별로 분류하기, 그림으로 그리기 등의 다양한 방법을 시도했다.

올해는 마인드맵 형식으로 작성했다. 업무상 꼭 이루어야 하는 것을 포함해 개인적으로 이루고 싶은 것들을 색깔별로 다양하게 표현했다. 마감 시한도 함께 반영해 한눈에 들어오도록 작성했다.

그중에서 짧은 시간 내에 이루고 싶은 다섯 가지를 선별해 공저를 완성했다. 그런데 문제는 여기서부터였다. 매년 계획을 잘 세웠고 실행 여부에 따라 표시도 잘했지만 글로 풀어내자니 여간 어려운 것이 아니었다. 그동안은 목표 자체에만 초점을 두었었다. 이루고자 하는 이유와 과정에 대해서는 길게 풀어 본 적이 한 번도 없었다. 난감했다.

차분히 머리를 비우고 내면을 깊이 들여다보았다. 그것들을 이루고 싶은 이유부터 생각하게 되었다. 이처럼 '꿈에 대해 구체적으로 생각하는 계기를 만들어 주는 것'이 책 쓰기의 가장 큰 장점이다. 단순히 종이에 적는 것만으로는 이루어질 수 없다. 두루뭉술하기 때문이다. 그 꿈을 낱낱이 파헤쳐야 한다. 그래야 갈림길이 보이고 앞을 향해 나아갈 수 있다. 그 꿈을 꾸게 된 배경에서 시작해 현재 상황은 어떤지, 그것을 이루기 위해 무엇을 시작해야 하는지, 앞으로 어떻게 변화하면 좋을지 등 다방면으로 최소한의 계획을 세울 수 있다.

그동안 표면적으로 계획을 세웠었다. 누구나 시도해 볼 수 있는 꿈을 단순하게 바라기만 했었다. 그러나 이루고자 하는 마음이 내면으로부터 우러나오는 꿈이야말로 진정 내가 원하는 꿈이라는 것을 깨달았다. 이 과정에서 정말로 이루고 싶은 꿈이 무엇인지 걸러낼 수 있었다.

몇 년에 걸쳐 계획해야 하는 꿈이라면 두 가지로 나누어 볼 수 있다. 첫 번째는 그만큼 시간이 필요한 이유다. 내 경우에는 영어를 완성하는 것이 장기적인 꿈이다. 5년째 공부하고 있다. 이것은 어쩔 수 없이 시간의 흐름에 맡길 수밖에 없다. 두 번째는 실행 방법이 잘못된 꿈이다. 매년 리스트에 작성만 해 두고 실제 구체적인 해결 방법이 없으므로 형식상으로만 관리한다. 내 경우에는 남자친구 만들기가 그 부류다. 늘 계획은 있으나 현재로서는 어떻게 할 도리가 없다는 것이 안타까울 뿐이다.

이처럼 구체적으로 생각하고 풀어내어 시각화한다는 것이 책 쓰기의 제일 큰 장점이요, 기본이 되는 일이다.

책을 쓰는 과정은 매우 고통스럽다. 몇 꼭지 안 되는 공동저서의 짧은 글을 쓰는 것도 머릿속을 복잡하게 만든다. 하물며 개인저서를 쓴다는 것은 얼마나 많은 생각과 인내를 필요로 할까? 아직 크게 와 닿지는 않는다.

책을 쓰려면 그만큼 읽어야 한다고 한다. 나는 일주일에 2~3권을 후딱 읽을 정도로 독서를 좋아한다. 그러다 보니 읽는 속도도 자연스레 빨라졌다. 도서관 대출 목록을 확인해 보니 사회과학 장르의 비중이 제일 컸다.

공저과정을 통해 '내면의식을 강화'해야 할 필요를 느꼈다. 이에 따라 의식 변화를 위한 독서를 시작했다. 책에는 내가 원하는 모든 것을 긍정과 상상의 힘으로 이룰 수 있다는 내용이 담겨 있다. 자기계발서로도 분류할 수 있지만 이 책들은 일반 자기계발서와는 확실히 다르다. 기존의 책들은 저자의 경험을 쉽게 얻을 수 있는 데 비해 그 경험을 내게 적용할 부분이 별로 없어서 안타까웠다.

내면의 변화를 다루다 보니 사실 책 내용이 쉽지는 않다. 그러나 페이지를 거듭할수록 저자가 알려 주고자 하는 심오한 뜻을 조금씩 이해하기 시작했다. 그러면서 나 자신도 변화하고 있다는 것을 느꼈다. 무엇보다도 세상을 바라보는 눈이 긍정적으로 변했다. 어렵고 힘든 상황에서도 긍정의 힘을 끌어당기는 쪽으로 생각을 바꾸고 또 바꾸고 있다.

겉으로 나타나지는 않지만 독서를 통해 나의 내면은 이렇게 점점 성장하고 있다. 이는 앞으로의 책 쓰기에 훨씬 도움이 되리라 믿는다. 내용도 중요하지만 책을 쓰기 위해 이런 종류의 책을 읽을 수 있다는 사실에 더욱 감사하다.

공동저서를 통해 나의 이야기를 써 내려가면서 '내 존재의 중요성'을 깨달았다. 이 세상에 태어난 모든 이는 복되고 가치 있는 존재다. 그러나 살아가면서 많은 시련에 부딪치다 보니 내가 얼마나 소중한지를 간과하는 경우가 많다. 나 또한 회사생활을 하면서 인간관계로 인해 힘들어한 적이 많았다. 다 포기하고 처음부터 다시 시작하고 싶을 정도로 나의 내면은 바닥으로 떨어졌고 우울증도 생겼었다.

명상, 기도, 운동 등 다양한 방법으로 나의 이성을 찾았지만 늘 무엇인가 부족했다. 괜찮다고 다짐하는 것만으로는 내면세계가 풍족하지 못했다. 떠오르는 생각을 틈틈이 메모하고 자주 일기를 쓰며 글로 풀어내기 시작하면서부터 조금씩 치유가 되었다. 이렇게 글이라는 것은 나의 내면의 똬리를 풀어내는 것과 같다.

책은 읽는 사람보다 쓰는 사람이 더욱 효과를 볼 수 있다는 것을 이번에 깨달았다. 물론 읽는 것도 내용적인 면에서 쉬운 일은 아니다. 그러나 책 쓰기는 나의 모든 것을 녹여 글로써 보여 주어야 하므로 나 자신과 싸워야 하는 순간들이 찾아온다. 창작의 고통이란 이런 의미에서 나오는 말이 아닌가 싶다.

이러한 어려운 작업을 가장 접근하기 쉬운 버킷리스트 작성으로 시작했다는 것이 제일 행복했다. 나를 조금씩 보여 주는 것 같은 느낌이었다.

내 인생에서 책을 쓴다는 것을 한 번도 생각해 보지 않았다. 그

박지혜

만큼 한 분야에서 성공한 자만이 누릴 수 있는 권한이라고 생각했었다. 내 인생은 너무나도 평범해 이야깃거리가 되지 않을 것이라 생각했었다. 평범한 사람들은 대개 나와 같이 생각할 것이다. 책을 쓴다는 것은 성공한 사람들의 전유물이라고 생각할 만큼 쉬운 과정이 아니기 때문이다.

나는 나를 겉으로 표현해 누군가에게 보여 준다는 것 자체를 별로 좋아하지 않았다. 자기 전 일기를 쓰고 홀로 사색하는 시간을 가지는 것만으로도 나 자신과 대화하기에 충분하다고 생각했었다. 그러나 책 쓰기를 시작하고 보니 누구나 할 수 있는 과정이라는 것을 깨달았다. 평범한 나조차도 시작했다. 나만의 이야기를 써 내려가면 되는 것이었다. 거창하고 고급스러운 표현이 아닌, 수수하고 진솔하게 나만의 경험을 독자에게 전달하면 되는 것이었다.

이제 내 마음 깊은 곳에서 무엇인가를 쓰고 싶다는 욕망이 살짝 피어올랐다. 긍정의 새싹이라고 부르고 싶다. 독서를 통해 내면에 긍정의 물을 계속 뿌려 주었다면, 이제는 책 쓰기를 통해 싹을 틔울 차례다. 이로써 독자는 나로부터 새로운 것을 배우고 깨달으며 본인에게 적용할 만한 것을 찾을 수 있다. 독자와 저자의 선순환 관계인 것이다.

이처럼 책 쓰기는 긍정적인 파생효과를 가져온다. 꿈을 구체적으로 생각하고 내면의식을 강화하는 독서를 하다 보면 결국 내 자존감이 높아지는 경험을 할 수 있다 비록 시작한 지 얼마 되지 않아 경험이 별로 없지만 많은 것을 생각할 수 있는 계기가 되었다.

공동저서를 바탕으로 곧 개인저서도 시작할 예정이다. 공동저서와는 다르게 분량이 많고 한 권을 완성해야 한다는 부담감도 클 것이다. 그러나 이번처럼 나만의 이야기를 한 올 한 올 풀어낸다는 생각으로 준비하다 보면 끝까지 완성할 수 있을 것이다.

내 꿈을 현실화하는 가장 좋은 방법은 책을 쓰는 것이다. 일단 써 보라. 생각하는 것보다 훨씬 효과가 있다는 것을 알게 될 것이다.

인생을 바꾸기 위한 첫걸음 떼기

김희진 동아보건대학교 치기공과 겸임교수, 결혼 상담 코치, 대학생 멘토, 자기계발 작가, 동기부여가

부산가톨릭대학교 치기공학과에서 박사과정을 수료했다. 20대 후반부터 10년간 치과기공 과정을 강의했다. 6년 차 주부이자 2명의 아이들을 키우고 있다. 하지만 주부의 자리에 안주하기 싫어 나를 잃어버리지 않으면서도 행복한 결혼생활을 위해 노력한다. 현재 '행복한 결혼생활'에 관한 개인저서를 집필 중이다.

- Email ilove8232@naver.com
- C·P 010.9443.3207
- Blog blog.naver.com/ilove8232

맞벌이를 하시던 엄마의 빈자리에는 라디오라는 친구가 있었다. 라디오에 보낸 사연을 디제이가 읽어 주고 "김희진 친구가 신청한 노래예요."라며 노래를 들려주면 가슴이 쿵쾅쿵쾅 뛰었다. 그리고 선물을 받으면 왠지 뿌듯했다. 성인이 되어서도 라디오에서 주제를 주면, 상황에 맞게 문자를 보내서 선물을 많이 받았다. 그때부터였을까. 상황에 맞게 전하고 싶은 말이 있으면 일기를 쓰거나, 편지를 쓰거나, 작가의 책을 그대로 베껴 쓰기도 해 봤다.

"스프링 노트로 만들어 주세요."

글을 쓰고 책을 만드는 일은 가슴 벅찬 일이다. 내용은 좀 부족하더라도 스프링 노트로 만들면 작은 책이 된다. 예를 들면 대학 시절 식물 채집 일지를 제본해 냈더니 높은 점수를 받았다. 또한 동화책에 아이의 얼굴을 넣어 가족만의 책을 완성하기도 했다.

논문을 쓴 경험이다. 먼저 목차를 정한다. 그리고 표본을 만들어 실험하고, 제조사에 전화하고, 결과를 분석하고, 수정에 수정을 거친다. 이런 과정을 거치다 보면 나 혼자 되는 일이 하나도 없다는 것을 느낀다. 내가 한없이 작아진다. 자신을 성찰하게 된다.

이때 논문 책을 썼던 경험은 후에 어떤 어려운 문제에 직면했을 때 어떻게 해야 하는지 자발적으로 해결할 수 있게 해 주었다. 대학원에 갔던 것도 나만의 책을 한 권 완성해 보고 싶다는 꿈과 아이들을 가르치고 싶다는 꿈이 있었기 때문일 것이다.

나는 책을 사랑한다. 신간이 나오거나 관심 있는 분야의 책이 출간되면 즉시 사서 읽어 본다. 책은 가장 좋은 친구이자, 동반자다. 모르는 분야가 있으면 그 주제를 다룬 책을 여러 권 읽어 본다. 필요하면 저자의 강의도 듣고 컨설팅도 받고, 책을 가져가서 사인도 받는다. 지금까지 책을 사는 데 들어간 돈이 내 수입의 절반은 될 것이다.

저자들을 만나 보면 공통점이 있다. 열정에너지, 긍정에너지가 차고 넘친다는 것이다. 강연에 몰입하면 4시간이 1시간처럼 느껴

김희진

진다. 긍정에너지를 받으면서 의식이 정화된다. 그래서 나의 멘토인 영어교육 전문가 박현영 선생님은 저자가 강연할 때마다 듣고, 열정주사를 맞아야 된다고 하셨나 보다. 그 외에도 그들은 미래를 철저히 계획할뿐더러 자신만의 시스템을 갖추고 있다.

마음속 깊은 곳에 항상 책을 쓰고 싶다는 꿈이 자리 잡고 있었던 것 같다. 하지만 책을 어떻게 쓸지 막연했다. 누구나 책을 쓸 수 있고, 출판까지 할 수 있다는 생각은 못했던 것 같다. 나의 이름으로 된 책을 쓸 수 있고 출판도 할 수 있다니, 얼마나 놀라운 일인가!

〈한책협〉에서는 이 책 쓰기를 배울 수 있고, 그것을 바탕으로 창업도 할 수 있다고 한다. 지금 김태광 대표 코치의 책을 읽고 있는데, 역시 열정이 넘치신다. 이번 주에 〈1일 특강〉에 참여하고 나면 많은 것이 변화될 것 같다.

최근엔 크리에이터들이 뜨고 있다. 아이들의 대통령이라고 불리는 캐리 언니는 헤이지니 채널에서 활동 중이다. 그녀는 1년 2개월 만에 구독자 100만 명을 달성했다. 헤이지니의 가장 유명한 영상인 '콩순이 집에 놀러 간 지니'는 조회 수 2,011만 회를 기록했다. 유튜브계의 신이라고 불리는 '대도서관'은 《유튜브의 신》이라는 책도 출간했다. 그는 어릴 때부터 게임과 남을 웃기는 것을 좋아하고 수다로 스트레스를 풀었다. 그런데 수입이 없어서 사흘 동안 죽을 끓여 먹으며 버텨야 했다고 한다. 하지만 그 시기를 지나 지금

은 117만 구독자를 거느린 유튜브계의 신이자 엉클대도의 대표이
사가 되었다. 크리에이터는 영상을 통해 자신을 표현할 수도 있고,
싱어송 라이터같이 음악으로 자신을 표현할 수도 있다. 하지만 책
이야말로 글로 자신을 표현하게 해 주는 최고의 크리에이터가 아닌
가 싶다.

제일 좋아하고 꿈꿔 왔던 책 쓰기를 〈한책협〉에서 코칭받고 책
을 출간한다면, 그 자체만으로도 너무 기쁠 것 같다. 〈1일 특강〉에
참여하기 전에 공동저서에 참여하는 것만도 엄청 감사한 일이다.
책을 쓰는 것에 그치지 않고 마케팅과 강연을 배우고, 1인 기업가
로 성장한다면, 많은 변화가 있을 것이다. 나를 브랜딩 하고 표현할
수 있는 최고의 크리에이터 베스트셀러 작가가 되고 싶다. 또한 책
을 번역해 전자책을 만들고, 아마존 같은 세계적 기업과 거래하는
글로벌 작가가 되고 싶다. 그러면 전 세계 사람들이 독자가 될 수
있을 것이다. 언어는 장벽이 아니라고 생각한다.

모든 대중예술 분야에서 활동하는 유능한 기획자 마리 폴레오
(Marie Forleo)는 "점을 찍어야 선이 생겨나고 면이 완성된다."라고
했다. 그녀의 웹사이트(marieforleo.com)는 포브스(Forbes)가 선정
한, 기업가를 위한 최고의 100개 사이트에 포함되어 있다.

마리는 3달러짜리 노란색 수첩을 가지고 다니면서 온라인 비즈
니스를 소개했다. 마리는 젊은 CEO를 만날 때마다 "원하는 삶을

살려면 먼저 무엇이든 전부 시도하라."라고 권유한다. 도전해 본 일이 도전하지 못한 일보다 반드시 더 많아야 성공한다는 것이다. 그녀는 "뜻밖에 많은 사람들이 자신이 원하는 일이 아니라는 이유로 지금 당장 해야 할 일의 중요성을 간과한다. 더 좋은 직업과 직장을 찾을 때까지 지금 일하는 회사에서 인내하고 있는 사람은 곧장 사표를 내야 한다. 억만금을 주어도 흘려보낸 시간은 나중에 구매할 수 없으니까."라고 말한다.

부자들은 시간을 돈이라고 생각한다. 실패를 하더라도 망설이지 않고, 실행한다. 인생에서 가장 중요한 것은 시간을 아끼는 것과 무엇을 결단하는 실행력이라고 생각한다. 많은 사람들이 책을 읽고, '이렇게 하면 될까?' 고민한다. 하지만 직접 실행하지는 못한다. 실패할지도 모른다는 두려움에다 컨설팅 비용이 아깝다고 생각하기 때문이다. 엄마는 항상 말씀하셨다. "공짜로 돈 안 먹는다."라고. 설령 실패한다고 할지라도 그것은 인생에서 소중한 경험이 될 것이다. 세상을 변화시키는 힘은 책 쓰기에서 시작된다. 인생의 변화도 책 쓰기에서 시작된다.

마지막으로 책을 쓰면 인생이 달라지는 이유를 요약해 본다.

첫째, 자신의 경험과 노하우를 전달해 주면서 선명하게 드러나는 자신을 만난다.

둘째, 가슴속에 잠재되어 있던, 한이나 응어리 같은 것들이 치유된다.

셋째, 다른 사람에게 조언해 주고 싶던 이야기들을 스토리로 만들 수 있다.

넷째, 책을 출간하며 책에 썼던 목표들을 이루려고 무의식적으로 노력하게 된다.

다섯째, 독자에서 저자로 바뀌면서 조언을 구하고 싶다는 이들이 찾아온다.

여섯째, 책을 읽는 독자에게 마케팅이 되어 전문가로 인식되고 강연 요청이 들어온다.

일곱째, 책을 쓰면서 다른 사람의 책을 읽고 자료를 준비한다. 그러면서 진짜 전문가가 되기 시작한다.

여덟째, 자신의 이야기를 하면서 다른 사람의 이야기를 들어 줄 수 있는 공감능력이 생긴다.

아홉째, 무에서 유를 창조한다.

열째, 1인 창업가로서 자유로운 인생을 살게 된다.

책을 쓰고 1인 기업가가 되어 성공한다면, 자유를 얻을 것이다. 자유를 얻는다면, 투자해 보거나 배우고 싶은 일을 다 해 보고 싶다. 일상에서 일어나는 일들을 책에 담아 보고 싶다. 인권이나 차별 평화에 대해서도 이야기해 보고 싶다. 기부와 봉사활동도 하고 싶다. 더 나아가 장애인을 위한 재활센터와 장학재단도 설립하고 싶다. 그동안 가고 싶었던, 세계여행 투어도 해 보고 그곳에서 잠시 머물며 생활해 보고 싶다. 책 쓰기는 너무 막연하다. 하지만 많은 경험과 노하우를 갖고 있는 〈한책협〉의 도움을 받아서 책을 출간한다면 인생을 바꾸기 위한 첫걸음이 시작될 것이다.

책 쓰기로 평범한 삶을
특별한 삶으로 뒤바꾸기

김광율 공무원

경력단절 여성이었던 아내가 꿈을 실현해 가는 과정을 지켜보며 내 꿈에 대한 명확성이 생겼다. 현재, 공무원생활을 하며 꿈을 위해 도전 중이다.

- Email emillyanna@naver.com
- C·P 010.4193.3040
- Facebook richmam0105
- Blog blog.naver.com/kwangruyr
- Instagram richmam0105

나는 특별한 꿈이나 하고 싶은 일이 없었다. 어린 시절부터 "너는 기서 어떤 사람이 되고 싶어?"리고 물어보면 할 수 있는 말이 없었다. 내가 어떤 사람이 되고 싶은지 하고 싶은 것이 무엇인지 나 자신도 알지 못했다. 그렇게 시간이 지나 대학교 진학 때가 되었을 무렵, 내가 할 수 있는 일은 무엇일까 진지하게 고민하는 시간을 가졌다.

내가 하고 싶은 일은 무엇일까? 아무리 생각해도 답이 나오질 않았다. 그냥 무작정 돈을 많이 벌고 싶다는 생각만 가득했다. 어린 시절 어려운 가정형편 때문에 힘들어하며 성장했다. 그 탓에 나는 돈 생각 안 하고 먹고 싶은 것과 갖고 싶은 것을 마음껏 먹고 가지는, 경제적인 자유를 얻을 수 있는 삶을 꿈꾸었다.

생각만 많던 시절, 군대를 가야 했다. 영장이 나온 것이다. 남들과는 다른 군대생활을 해 보고 싶다는 생각을 하게 되었다. 때마침 아는 형님이 한국에 최고 특수부대(UDT)가 있다고 이야기해 주었다. 몸으로 하는 건 누구보다 잘할 수 있을 것 같았다. 바로 병무청에 지원하기 위해 움직였다.

그런데 거기에서 '하사관'과 '병' 중 어느 것에 지원할 것이냐고 물어왔다. 앞으로 어떤 인생을 살아야 할지 막막하던 시절에 그 질문은 내 인생 최고의 질문이었다고 생각한다. 당시 알지 못했던 계급의 차이를 물어보니 하사관은 4년 생활에 월급을 받고, 병은 2년 생활하고 월급을 받지 못한다고 알려 주었다. 나는 단 1초의 고민도 없이 하사관에 지원했다. 돈을 벌 수 있다는 동기부여가 제대로 된 것이다.

그렇게 군 생활을 4년 6개월하고 제대할 때쯤 고민이 생겼다. 장기 복무를 신청해야 하나 제대해서 다른 길을 가야 하나? 그 무렵 동기생들은 특채로 공무원을 하려고 하고 있었다. '그래 이거야! 나도 이제 제대로 살아 보자'라는 생각이 들었다. 공무원만 되면 내 인생이 달라질 것이라고 생각했다 그렇게 공무원 합격과 함께 공무원 준비 시절부터 만나 오던 지금의 아내와 결혼하고 가정을 꾸려 나갔다. 하지만 공무원이 되어 보니 일에 대한 자부심은 커져 가는 반면 가족과 함께할 수 있는 시간이 적어졌다. 그러다 보니 지치는 순간도 있었다. 그럼에도 불구하고 난 누군가에게 도움이 될 수 있다는 책임의식을 가지고 내 자리에서 최선을 다하며 살아가고 있었다. 그렇게 난 이 세상 모든 걸 다 가졌다고 생각하며 만족스러운 생활을 하고 있었다.

어느 날 출장을 가서 일하고 있는데 아내에게서 전화가 왔다. 둘째를 낳은 지 100일 정도밖에 지나지 않았는데 아내가 갑자기 일을 하고 싶다고 했다. 그러곤 나보고 육아휴직을 할 수 있느냐고 질문해 왔다. 나는 속으로 '이 여자가 미쳤나?'라고 생각했다. 웃음밖에 나오지 않았다. 그리고 한편으로는 '그래 지금 아니면 언제 아내가 이렇게 일을 하려고 하겠어?'라는 생각도 들었다. 하지만 경력 단절 여성으로 지낸 지 8년이나 되었는데…. 걱정이 되었지만 그래도 아내를 믿기로 했다.

내가 아는 아내는 무에서 유를 창조할 만큼 대단한 열정과 긍정 마인드를 가지고 있었다. '그래 뭐라도 안 되겠어?'라고 생각하며 아내에게 말했다. "그래요, 한번 해 보세요. 지금 아니면 언제 해 보겠어요. 그래 무슨 일을 하고 싶은데요?" 아내가 하고 싶어 하는 일은 화장품 방문판매였다. 아내는 결혼 전 ㈜에이블씨앤씨(미샤)에서 점장을 맡을 만큼 회사에서 인정받는 사람이었다. 그래서 본인이 잘 아는 화장품이니까 잘할 거라고 생각했다. 그렇게 난 잘 다니던 공무원직을 육아휴직을 하며 잠시 내려놓았다.

육아휴직을 하고 정신없이 시간이 지나간 것 같다. 외조하는 남편으로서 아이 둘의 육아를 맡았다. 아내가 하던 육아를 온전히 내가 하고 아내는 방문판매 일에 전념했다. 하지만 나는 '아, 내가 왜 육아휴직을 신청했을까?' 생각했다. 육아는 정말 티 안 나게 힘들다. 특수부대 한 번 더 갔으면 갔지, 정말 육아는…. 이 세상 엄마들은 모두 위대하다.

육아는 정말 힘들지만 그래도 뭔가 모르게 가슴 따뜻함은 있다. 일할 때는 몰랐던 첫째 아이의 자라는 모습을 볼 때면 내가 아이에 대해 잘 모르고 있었구나 하는 생각도 든다. 그 천진난만함이 정말 예쁘고 사랑스럽다. 이런 맛에 힘들어도 아이들을 키우는 것 같다는 생각이 든다.

우리는 결혼하고 4년 정도 지나서 아내가 힘들게 아이를 가지고 출산했다. 그런 아내가 둘째를 임신하고 입덧이 심했을 무렵, 첫째가 영혼 없이 TV를 보는 걸 바라보게 되었다. 지금도 그 모습을 잊을 수 없다. 그 뒤 아내와 상의해서 TV를 치웠다. 그리고 아내는 힘들지만 몸으로 아이와 놀아 주기 시작했다. 아내는 아이가 잠들고 나서 '내일은 어떻게 놀아 줄까? 지금 아이의 발달 상태는 어떤가?' 궁금해하며 책을 보면서 아이에 대해 공부했다.

난 그런 아내의 모습이 대단하고 대견스럽다고 생각했다. 나도 아내를 보고 배워야겠다는 생각이 들었다. 나도 잘할 수 있다고 생각했지만 그것은 나의 큰 오산이었다. '내가 TV를 왜 치웠을까? 미쳤지 미쳤어!'라고 생각할 때가 가끔 아니 완전 많았다. 지금은 TV가 없으니 다 같이 놀 수 있는 놀이를 만들고 같이 이야기하고 책을 읽으며 시간을 보내고 있다.

일에서 돌아온 아내가 나에게 조심스럽게 이야기했다. 방문판매를 하는 데 있어 배워야 할 것이 있다고, SNS 마케팅 수업이라고. 난 완전 크게 웃었다. 아내는 컴맹 수준이다. 결혼 전 직장생활을 할 때도 현장 일은 일사천리로 끝냈지만 컴퓨터 서류작업을 할 때면 더 많은 시간이 들었다. 전단지를 주문할 때도 현장에 가서 보고 일하지, 컴퓨터로 일하는 것을 싫어했다.

그런 그녀가 SNS 마케팅을 배우겠다고 했다. 나에게 《SNS마케팅이면 충분히다》란 책을 보여 주머 신상희 작가에게 SNS 마케팅을 배우고 싶다고 했다. 한편으론 대견스럽고 한편으론 웃음만 나왔다. "그래요, 해 봐요. 필요하다면 해야죠!" 나는 아내가 잘할 것이라고 생각했다.

아내는 수업을 받고 SNS 마케팅을 시작했다. 그러곤 하루가 다르게 발전하기 시작했다. 아내의 열정에 24시간이 모자랐다. 아침이면 첫째 아이를 등원시켜 놓고 저녁에는 아이들을 재워 놓고

SNS 마케팅 공부에 열중했다. 아내가 블로그에 글을 올린 것을 보고 신상희 작가가 아내에게 글을 잘 쓴다고, 책을 써야 할 것 같다고 이야기했다고 한다. 그렇게 아내는 자연스럽게 진정 하고 싶은 일을 찾았다. 그건 바로 책 쓰기다.

아내가 나에게 자신이 진정으로 하고 싶은 일을 찾았다며 작가가 되겠다고 말했다. 난 속으로 또 생각했다. '책은 아무나 쓰나?' 하지만 내가 아내의 블로그를 봐도 잘 쓴다는 생각이 들었다. 그래서 '그래, 진정으로 하고 싶은 일인데 해야지. 지금 아니면 언제 하겠어'라고 생각했다. 나는 또 하라고 했다. 책은 어떻게 쓸 거냐고 물으니 아내는 〈한책협〉의 김태광 대표 코치 이야기를 해 주었다. 200여 권의 책을 집필하고 700여 명의 작가를 배출해 낸 인물이라고.

아내는 이제 아침에 일어나면 육아전쟁, 회사에 출근하면 회사 일, 저녁에 돌아와서는 아이들을 재우고 책 쓰는 일을 했다. 그렇게 약 8주가 지났고 아내는 원고를 완성했다. 그러곤 〈위닝북스〉와 계약하고 작가가 되었다.

아내는 책을 좋아하는, 읽기만 하던 독자였는데 지금은 작가가 되어 내 옆에 있다. 이 모든 것이 신기하고 새롭다. 아내는 벌써 책 2권을 낸 작가다. 평범한 공무원의 아내였는데 이젠 책을 쓰는 작가가 되어 또 다른 꿈을 꾸며 명확한 미래를 설계하고 있다. 그렇게 아내의 책 쓰기로 우리 가정은 많은 변화를 시작하게 되었다.

누구에게나 각자의 이야기가 있다. 살아온 환경과 겪어 온 일들이 다르다. 열이면 열! 백이면 백! 각자 다른 인생을 살아가고 있다. 그런 자신의 이야기를 풀어 쓰면 책이 만들어지고 작가가 되는 것이다. 작가인 아내 덕분에 평범한 공무원인 나 역시 지금 이렇게 책을 쓰고 있다. 공무원이 되었을 때 신분상승 했다면, 지금은 한 단계 더 높은 곳을 향해 가고 있다고 생각한다. 김태광 대표 코치는 이야기한다.

"인생역전을 꿈꾸고 있는가? 자신의 인생의 빛을 발굴하지 못하고 있다는 생각이 든다면 지금부터라도 책 쓰기에 도전하라! 이 책을 보고 있는 지금 당신이 고민하고 있다면 지금이 기회다."

나는 인생 자체가 평범하다고 생각하는 한 가정의 가장이다. 최근 들어 아내의 책 쓰기로 많은 상황이 변화되어 가고 있다. 평범한 삶을 특별하게 만들어 주는 책 쓰기는 아내뿐만 아니라 가정의 변화도 가지고 왔다. 지금까지의 변화보다 앞으로의 변화가 더 기대되는 책 쓰기는 평범했던 가정에 꿈을 가져다주었다. 나를 특별한 가장으로 만들어 주었다.

내 인생의 반전을 꿈꾸는 책 쓰기

박진희 연애심리코치, 자기계발 작가, 동기부여가

주변 지인들에게 연애 상담을 해 주다가 연애에서의 성숙한 마인드와 태도의 중요성에 대해 깊이 생각하게 되었다. 내적 성장을 통한 청춘들의 건강하고 아름다운 연애를 응원하며, 동기부여가로서 많은 사람들에게 영향력 있는 사람이 되는 것이 목표다. 현재 개인저서를 집필 중이다.

• Email pjnny@naver.com   • Blog blog.naver.com/pjnny

2010년에 〈커피하우스〉(SBS)라는 드라마가 방영된 적이 있다. 개인적으로 나는 이 드라마의 내용보다 연출된 배경이 마음에 들었다. 드라마 첫 회를 보고 나는 알게 되었다. 그동안 내가 작가에 대해 어떤 고정관념을 가지고 있었는지 말이다. 내 머릿속에 작가는 괴짜 같거나 아니면 점잖은 이미지로 각인되어 있었다. 그들은 검소한 삶을 살고 작품에 열정적일 것이라고만 생각했다. 연예인처럼 화려한 이미지는 전혀 상상도 못했다.

그러나 극 중에서 주인공 진수는 젊고 럭셔리한 소설가였다. 그는 연속으로 베스트셀러를 펴내 스타덤에 올랐다. 출판사는 그만을 위해 집필실을 제공하는 등 지원을 아끼지 않았다. 그가 작품에만 전념할 수 있도록 말이다. 멋진 외제차도 있었다. 필요할 때는 금액에 상관없이 돈을 썼다. 이 장면이 나올 때 나는 비로소 알았다. '작가로 성공하면 저렇게 살 수도 있는 거구나'라고 말이다. 드라마가 꼭 완전히 허구만은 아니기 때문이다. 작년에 방영되었던 드라마 〈시카고 타자기〉(tvN)도 마찬가지다. 과장되긴 했어도 성공한 작가의 삶은 연예인 못지않아 보였다.

위의 두 드라마 모두 유명하고 부유한 작가의 삶을 배경으로 스토리가 이어진다. 그리고 나는 나도 모르는 사이에 작가는 아무나 될 수 없다는 사고의 함정에 빠지게 되었다. 드라마를 보고 깨달은 것이 고작 '작가의 삶이 생각보다 화려할 수도 있구나'였던 것이다. 그리고 소심하게 '나도 저런 작가가 될 수 있을까?'라고 생각했다가 금세 '내가 어떻게 저렇게 될 수 있겠어' 하며 부끄러운 듯 생각을 덮곤 했다. 하지만 지금 생각해 보니 마음 깊숙히 곳에 '나도 저런 삶을 살고 싶다'라는 바람을 묻어 두었던 것 같다.

나는 지금까지 책 쓰기로 인생을 바꿀 수 있다고 생각해 본 적이 없었다. 나뿐만은 아닐 것이다. 물론 탁월한 글솜씨와 상상력으로 많은 사람들에게 사랑받는다면 가능하다. 《해리 포터》 시리즈로 인생역전 한 조앤 K. 롤링처럼 말이다. 최근에 그녀가 쓴 《신비한

동물사전》은 또 한 번 전 세계를 홀렸다. 이제는 그녀가 책을 쓰면 자동으로 영화화된다.

하지만 예전과 달리 지금의 나는 '책을 써서 인생을 바꾼다는 것'을 완전히 다르게 이해하게 되었다. 책을 읽는 것과 책을 쓴다는 것, 이 둘에는 엄청난 차이가 있다. 아니, 전혀 다른 것이다. 책을 읽으면서 깨닫는 것도 정말 중요하다. 하지만 책을 쓰면서 얻는 것은 마치 병아리가 알을 깨고 나오는 것과 같다. 창작의 고통만을 말하는 것이 아니다. 새로운 세계로 나아가는 것이다.

나는 글을 쓰면서 내 경험의 가치를 새삼 알게 되었다. 내 경험은 나에게만 특별하다고 생각했다. 하지만 내 경험을 다른 사람들과 공유하면 이야기는 더 풍성해진다. 예를 들어, 내가 어릴 때 좋아했던 목마 이야기를 꺼내면 듣는 사람도 기억 속에서 목마를 꺼낸다. 그리고 그때의 감정을 공감하고 또 공유한다. 내가 회사에서 있었던 일들을 얘기하면 사람들은 나를 위로하거나 자신의 이야기를 꺼내기도 한다. 사실 이것은 누구나 다 아는 이야기다. 친구들과 수다를 떨거나, 직장생활을 하면서 우리가 매일 하던 것들이다. 하지만 책으로 쓰겠다고 하는 사람은 많지 않다. 너무 일상적이어서 생각하지 못하는 것이다.

많은 사람들이 일상의 모습들을 사진으로 찍어 SNS에 올린다. 맛있어 보이는 음식, 새로 산 가방, 예쁜 풍경 등 그 순간이 그들에게 특별하다고 생각되기 때문이다. 그리고 그 순간을 모두와 공유하고 싶은 것이다. 자랑하고 싶은 것도 있을 것이다.

하지만 모든 순간들을 다 사진으로 찍어서 올릴 수는 없다. 그렇기 때문에 글쓰기를 하는 것이라고 나는 생각한다. 글쓰기는 단순히 보여 주는 것에 그치지 않기 때문이다. 글을 쓰며 나의 경험을 되돌아보는 시간을 가지게 되기 때문이다. 그리고 새롭게 느끼고 깨달을 수 있기 때문이다.

나는 공저 《보물지도 15》에 참여했다. 그 과정에서 나는 기억 속에 남아 있는 것들을 하나씩 꺼내 볼 수 있었다. 그리고 지금까지 내가 어떤 사람으로 살았는지 알게 되었다. 또한 어떻게 이 자리에 오게 되었는지도 새삼 알 수 있었다. 하루하루 바쁘게 사느라 잊고 있던 사건들을 다시 마주했다. 그러면서 기억들과 화해하는 시간을 가질 수 있었다.

글을 쓰면 쓸수록 나는 점점 솔직해져 갔다. 기억 속에서 나를 힘들게 했던 사람들을 응시하며 마음으로 정리했다. 잊고 있었을 뿐이지 아직 상처가 그대로 남아 있었다. 그것을 보며 스스로를 어루만졌다. 이런 과정들은 나를 과거에서 벗어날 수 있게 해 주었다. 그때 느꼈던 속상함, 슬픔, 분노에 더 이상 매달리지 않고 떠나보낼 수 있게 된 것이다.

나는 나의 힘들었던 이야기를 밖으로 꺼내 놓으면 부끄러울 줄 알았다. 그런데 오히려 자신감을 얻는 계기가 되었다. 슬프고 힘들었던 때를 쓸 때는 눈물이 나서 참느라 한동안 글을 쓸 수 없었다. 하지만 그것은 내 마음을 치유하는 시간이었다. 일련의 사건들을 차근차근 글로 풀어 나가면서 뒤엉켜 있던 감정도 희미해졌다. 이런 시간들을 보내고 다시 읽어 보면 그 글이 부끄럽지 않게 느껴졌다. 내가 한층 성숙해진 듯했다.

책 쓰기는 과거의 나만을 보여 주는 데 그치지 않았다. 더 나아가 내가 바라는 것이 무엇인지 정확하게 이야기할 수 있게 되었다. 과거의 지질했던 모습을 만회하고 싶어졌다. 그동안의 시련들은 내가 원하는 것들을 알게 해 주는 이정표였던 것이다. 꼭 성공해야겠다는 의지가 생겼다. 내가 바라는 삶이 무엇인지 생생하게 그려 볼 수 있었다. 나는 어떤 사람으로 살아갈 것인지 다짐하게 되었다. 책 쓰기를 했는데 인생의 소망이 생긴 것이다. 그리고 그 시간들은 내게 동기부여라는 큰 선물을 안겨 주었다.

자연스럽게 내가 생각한 목표를 이루기 위해 필요한 것들이 무엇인지 찾게 되었다. 그리고 가장 중요한 것은 나의 생각을 전환하는 것임을 깨닫게 되었다. 나라는 존재에 대한 믿음이 확고하지 않으면 목표를 향해 나아가기 힘들다는 것이다. 나는 내 의식을 성장시켜야 한다는 결론을 내렸다. 앞에서 말했던 조앤 K. 롤링의 인생을 바꾼 것은 그녀의 책이 아니다. 바로 스스로에 대한 그녀의 믿음이었다. 그녀는 자신의 상상력을 과소평가하지 않았다. 또한 자신의 현재 모습에 가능성을 묶어 두지 않고 포기하지 않았다 그렇기 때문에 지금의 그녀가 있는 것이다.

의식을 성장시키기 위해서 깨어 있는 사람들, 성공한 사람들의 책을 읽었다. 평소에도 형이상학적인 내용의 책을 좋아하긴 했다. 하지만 보통 한 권을 가지고 3개월 넘게 붙잡고 읽곤 했다. 목표가 분명하지 않았기 때문이다. 그러나 글쓰기를 시작하고 하루에 1권은 충분히 읽어 낼 수 있게 되었다. 목표가 생겼기 때문이다. 그리고 책에서 말하는 것들을 실천했다. 처음에는 잘 와 닿지 않았다. 내용이 어렵기도 했다. 예전 같았으면 하다가 중간에 그만뒀을지도 모른다. 하지만 반복하고 받아들이려고 노력했다. 알고 나면 상당히 심플하고 명확한 내용들이었다. 그리고 너무 소중한 말들이었다.

버킷리스트는 자신이 하고 싶은 것들을 나열하는 것이다. 돈이 있거나 시간이 있으면 해결될 것 같아 보인다. 하지만 글을 쓰면 그 버킷리스트를 이루기 위한 전제를 알 수 있게 된다. 그 전제가 바로 의식 성장이다. 그것을 실현하면 버킷리스트는 자동 실현될 수 있다. 마치 수식을 걸어 놓으면 언제 어떤 숫자를 넣어도 즉시 자동 연산되는 엑셀(Excel) 프로그램처럼 말이다. 그리고 그것은 책 쓰기를 통해 가능하다.

책 쓰기의 힘은 여기서 그치지 않는다. 아직 나의 개인저서가 나오기 전이다. 하지만 앞서 책을 쓴 선배들을 보면 알 수 있다. 책 쓰기를 통해 자신의 약점을 강점으로 만들 수 있다는 것을 말이다.

이것이야말로 책 쓰기의 엄청난 힘인 것 같다. 자신의 문제점을 가지고 글을 쓰다 보면 어느새 전문가가 되어 있기 때문이다. 자신이 겪은 아픔이 있기 때문에 더 잘 공감할 수 있고 진심이 우러나올 수밖에 없게 된다. 문제 해결을 위해 지식을 얻고, 자신의 경험으로 지혜를 더한다. 그러다 보면 자신이 누구보다도 많이 성장해 있음을 알게 된다. 이것이 대체 불가한, 가치 있는 사람으로 만드는 과정이라고 생각한다.

또한 자신이 모르던 강점을 발견할 수 있다. 그 강점을 다듬어 가치를 창출할 수 있다. 정말 멋진 일이다. 자신은 아무렇지 않게 생각했던 것이 누군가에게는 특별한 것이라니. 이것이야말로 기쁜 소식이다.

이제 나는 책 쓰기를 통해 무한한 콘텐츠와 다양한 아이템을 만들 수 있다는 것을 알고 있다. 그러므로 책 쓰기는 이제 나에게 사업 계획서와 같다. 책 쓰기를 통해 1인 창업을 할 수 있기 때문이다.

우리는 항상 스스로를 부족하다고 생각한다. 그래서 다른 사람의 조언을 듣기 위해 책을 찾는다. 하지만 거기까지다. 책을 쓰려고 하지는 않는다. 아니 책을 쓸 생각을 하지 못한다. 나에게 이런 사고의 전환을 가져다준 〈한책협〉을 만났다는 것이 다행스럽고 감사하다. 앞으로 나올 나의 개인저서로 내가 어떤 사람이 되어 있을지 궁금하고 기대된다.

책 쓰기로 마음을 표현하며
뜨거운 삶 살기

이그래 감정치유 작가, 감정 코치, 대학병원 25년 차 간호사, 건강검진 코디네이터, 자기계발 작가, 동기부여가

모든 질병은 마음에서 비롯된다는 이유로 감정치유를 통해 사람을 만나고 싶어 한다. 현재 감정을 주제로 개인저서를 집필 중이다.

신은 우리에게 감당할 수 있을 만큼의 고통만 주신다고 했다. 난 그 말에 전적으로 공감한다. 누군가 50년 넘게 산 내 인생을 나누어 보라면 엄마가 되기 전과 후라고 거침없이 말할 것이다. 어려웠던 살림 때문에 내가 하고 싶은 공부를 포기해야 했던 만큼 "난 엄마처럼 살지 않을 거야."라고 늘 다짐하며 살아왔다. 그랬던 터라 아이들에 대한 강한 책임감은 내 삶을 송두리째 바꿔 놓았다.

모든 것을 아이들 위주로, 아이들을 통해서 생각하고 이루고 느꼈다. 그런 지 20년이 넘자 아이들은 대학 입학과 동시에 둥지를 떠나 각자의 세상으로 날아갔다. 이제 나는 자유다. 그런데 이제 나는 의미도 필요도 없는 '무'다. 20년 이상 아이들은 내 삶의 모든 것이었다. 너무나 오랫동안 나 아닌 다른 사람에게 맞추어 살다 보니 온전히 혼자이게 된 나는 내가 너무도 낯설고도 낯선 존재로 느껴졌다. 무기력과 무의미가 한꺼번에 나를 엄습했다. 아기 새들이 날아가고 새똥의 흔적과 잔털만이 남아 있는 나뭇가지 위의 빈 둥지가 되어 버린 것이었다. 인정하기 싫었지만 내가 존재하는 이유는 그냥 아무것도 아닌 것이었다. 요리와 청소부터 자잘한 일상이 의미가 없어졌다. 그냥 습관처럼 움직이는 시계추 그 이상도 이하도 아닌 삶을 살아 내고 있었다.

아침에 눈을 뜨면 그냥 강시처럼 일어나 허우적거리며 집을 나왔다. 그렇게 하루를 보내고 늘 하던 대로, 내 몸이 기억하는 대로 허우적거리며 다시 집으로 돌아갔다. 애들 때문에 바빠 할 일이 태산이었을 때는 짬을 내 참석하던 소소한 작은 모임도 다 의미가 없어졌다. 어릴 적의 애정 결핍이 자식에게 대리만족이나 집착의 형태로 나타났다. 그러면서 내 삶을 옭아매고 있었던 것이다.

아이들은 서서히 성장하고 날갯짓을 하며 세상을 향해 날아갈 준비를 했다. 그렇건만 난 마음의 준비도 없이 하루아침에 모든 것을 잃은 사람처럼 무의미한 나날 앞에 무릎을 꿇었다. 마음의 병에 조금씩 침식당하고 있었다. 갱년기와 빈 둥지 증후군이란 이름이 붙은 쓰나미였다.

"우리나라 엄마들은 왜 그렇게 자식을 끼고 사는지 모르겠어.", "난 절대로 자식을 품 안에서 키우지 않을 거야.", "우리나라는 애들은 날아갈 준비가 되어 있는데 부모들이 막상 자식으로부터 독립할 준비가 안 되어 있어."라고 평소 자신감 넘치는 자녀교육론을 부르짖던 내가, 간호사로서 25년간 병원에서 볼 꼴 못 볼 꼴 다 본 내가, 삶과 죽음의 현장을 가까이에서 겪으며 병은 마음에서 시작된다는 것을 누구보다 잘 알고 있던 내가, 다른 이에겐 그렇게 마음교육을 하던 내가 내게 다가온 병은 미처 깨닫지 못했다. 그런 채로 난 서서히 환자가 되어 가고 있었다.

아침잠이 많았던 나는 "늦잠 좀 실컷 자고 싶어. 병원 때려치워야지."라고 투덜거렸었다. 그랬던 내가 어김없이 새벽 한두 시면 깨어 가슴을 쥐어뜯었다. 발끝부터 시작되는 이상한 통증이 퍼져 온몸이 쑤시고 뒤틀리기 시작했다. 그러곤 이내 가슴이 답답하고 터질 것 같아 이리저리 뒤척였다. 그러다 거실로 나와서는 몽롱한 정신으로 어둠 속을 기어 다녔다. 거실 바닥에 몸을 내동댕이쳐 보기도 하고, 창을 열고 밤공기를 마셔 보기도 했다. 잠이 덜 깬 눈으로 소파에 기대 깜빡 졸다가 한기가 느껴져 다시 침대로 기어 들어갈 때쯤이면 2시간은 족히 지나 있었다. 밤마다 그 타령이니 아침엔 더 피곤하고 짜증스러웠다.

나는 나름 전문직 워킹맘으로 직장에서도 나의 영역을 인정받았다. 그러면서도 아이들을 원하는 대학에 입학시킨, 주위 엄마들의 이른바 워너비 여성이었다. 아이들은 말썽 한번 크게 피운 적 없이 바르고 예쁘게 자라 주었다. 대기업 부럽지 않은 연봉과 복지. 여성이라고 눈치 볼 것 없이 정년이 보장되는 안정적이고 전문직인 직장에 멋진 가정. 누가 봐도 더 바랄 게 없었다. 어느 후배는 내게 "선배는 걱정이 없는 게 걱정이죠?"라고 할 정도로 나는 남이 보면 다 이루고 다 가진 여자였던 것이다.

하지만 타지에서 공부하는 아이들 뒷바라지는 맞벌이하는 나에게도 경제적으로 벅차고 빠듯한 일이었다. 20년 넘게 참 성실히도 살았지만 통장 잔고는 늘 비어 있었다. 나는 너무도 어려운 학창 시절을 보내며 만성빈혈과 잔병치레를 달고 살았다. 그래서인지 나는 내 자식들만큼은 돈 때문에 하고 싶은 것, 먹고 싶은 것을 포기하지 않도록 하고 싶었다.

대학생이 둘이라 돈을 더욱 절약해야 하니 퇴근 후엔 오로지 집에 처박혀서 드라마나 보는 수밖에 없었다. 아이들이 다녀간 일요일 오후엔 극심한 우울감이 나를 엄습했다. 하지만 아이들은 나의 평상시 생활을 알지도 못할뿐더러 자신들의 학교생활에 적응하느라 눈코 뜰 새 없이 바빴다. 자기 코가 석 자인 상황이었다.

늘 나를 절제하다 보니 하고 싶은 것도, 만나고 싶은 사람도, 행복한 것도 없어졌다. 무슨 일이든 가만히 생각하고 있으면 그냥 울컥했다. 눈물이 나고 억울하고 무의미하다는 생각만이 나를 사로잡았다. 집에 오자마자 외출복도 갈아입지 않은 채 TV를 틀곤 이쪽

저쪽 이어지는 연속극에 시선을 고정한 채 저녁 두세 시간을 그냥 죽이곤 했다. 무슨 내용인지 딱히 관심도 없고 공감도 되지 않았다. 그저 멍하니 바라볼 뿐이었다.

나를 찾아보자. 나는 뭐지? 나는 누구지? 문득 고개를 든 자아가 내게 말을 걸어왔다. 나는 나에 대해 알아보기로 했다. 본명 이정애. 50세. 두 아이의 엄마. 25년 차 간호사. 그러고는 더 이상 쓸 말이 없었다. 무엇을 하고 싶은지, 무엇을 좋아하는지, 꿈이 무엇인지…. 나는 나를 온전히 잃어버린 것이다.

나는 길 잃은 미아가 된 것처럼 공허한 마음을 달래기 위해 나에게 최소한의 투자를 하기로 결심했다. 한 달에 10만 원 정도의 비용으로 평소 하고 싶었던 것들을 배우기 시작했다.

근처 대학에 개설된 평생교육원에서 도자기, 악기 수업을 받고 합창단에 가입했다. 같은 직종 사람들 외의 여러 사람들을 다양하게 만날 수 있는 기회도 갖고 시간을 허투루 보내지 않겠다는 의도였다. 하지만 취미는 나를 구원하지 못했다. 취미는 말 그대로 취미일 뿐. 나의 내면의 허기를 충족시키기에는 턱없이 부족했다. 도자기며 악기를 배울 때 생각지 않게 들어가는 비용들도 상당히 부담스러웠다.

어느 날부터인가 나는 다시 땡 하면 직장에서 집으로 돌아와 무의미한 드라마 채널 돌리기를 계속하고 있었다. 불면과 우울이 반복되는 생활이었다. 하지만 남 보기에 부러울 것 없는 나의 고민과 병은 한낱 감정의 사치쯤으로 치부되고 행복한 고민쯤으로 묻혔다. 나는 점점 안으로 나를 갉아먹는 암 덩어리로 인해 영혼의 샘마저 고갈되고 피폐해져 가고 있었다.

아직 나를 위한 삶만을 산다는 것은 대학생 아이를 둘이나 둔 엄마에겐 사치 그 이상도 이하도 아닌 것이다. 그사이 몸무게는 6킬로그램이나 빠지고 불면증은 더욱 심해져 하루에 2시간을 자기도 어려워졌다. 어느 날 밤 13층 거실 베란다에서 밖을 내다보던 나는 화단 아래로 떨어지면 참 편할 것 같다고 생각하는 나를 발견했다. 이렇게 살려고 그토록 악착같이 뛰었던가?

잠이 덜 깬 아이 하나는 등에 업고 하나는 품에 안고 기저귀 가방에 도시락까지 싸서 어깨에 맨 채로 4층 어린이집을 오르내렸다. 퇴근시간엔 아이들이 하루 종일 엄마를 기다린다는 생각에 계단을 두 칸씩 급할 땐 세 칸씩 뛰어 올라갔다. 일을 하고 있지만 늘 귀에 맴도는 아이들 울음소리가 마음을 후벼 팠다. 일을 하면서도 마음은 콩밭에 가 있는 꼴이었다.

그렇게 악착같이 키운 내 새끼들을 두고 차마 뛰어내릴 수가 없었다. 나를 인생 롤모델로 생각한다던 딸도 내가 흔들리기 시작하자 모진 말을 쏟아 내기 시작했다. 제대 후 내 곁에 머물며 위로가 될 줄 알았던 아들은 제대 일주일 만에 독일로 워킹홀리데이를 떠나 버렸다. 아이들 역시 늘 버팀목이 될 것 같았던 든든한 엄마가 비틀거리니 어찌할 바를 몰랐다. 엄마의 방황의 시간이 해를 넘길 만큼 길어지자 아이들은 지쳐 갔다.

모든 것에 심한 배신감과 모욕감을 느낀 난 철저히 혼자가 되었다. 드디어 바닥까지 온 것이다. 바닥에 다다르니 이젠 올라갈 일만 남았다는 직감이 들었다. 나 스스로 나를 돕지 않으면 이 세상의 어느 누구도 내게 손 내밀지 않는다는 사실을 나는 처절히 온몸으로 느끼게 되었다.

'죽을 각오를 하면 뭘 못 하겠어' 하며 정신을 번쩍 차린 나는 정신과 치료와 함께 심리상담도 받기 시작했다. 정신과 치료를 받고 약을 복용하기 시작하자 잠에 취하고 몸이 비틀거려 기운을 차릴 수가 없었다. 하지만 이를 악물고 버텨 냈다. 내가 누군가! 독박 육아에 힘든 간호사를 25년이나 하면서도 번듯하게 아이들을 키워 낸 엄마 아닌가! 할 수 있는 건 버티기밖에 없었다. 제일 소중한 나의 아이들로 인해 난 다시 큰 깨달음을 얻을 수 있었다.

그때부터 닥치는 대로 심리학책을 읽기 시작했다. 충실히 심리상담을 받으며 정신과 약물을 조금씩 줄였다. 6개월 만에 정신과 치료를 중단할 수 있었고 숙면과 식사에 문제가 없게 되었다. 책을 읽고 기도하고 책을 읽었다.

다행히 나는 남을 도우며 살 수 있는 직업을 가지고 있었다. 베

테랑 간호사로서 보여 주는 따뜻한 말 한마디, 관심과 눈빛에 눈물을 보이는 사람들이 늘어 갔다. 건강상담을 하다 보면 모두 심리상담이 되었다. 모두들 말하지 못하는 마음의 고통 대들보를 지고 툭하고 건드리기만 해도 눈물을 줄줄 쏟아 내는 것이었다. 난 그들과 함께 울어 주고 손잡아 주었다. 나도 겪었고 나도 치료받고 있다고 고백해 주었다. 심리학책을 읽으며 마음 한구석에서 혼자 앉아 울고 있는 나를 위로하면서 자존감을 키우기 시작했다.

책을 계속 읽다 보니 역경을 이겨 내고 당당히 일어선 사람들의 책이 책 속의 또 다른 책으로 연결되어 있었다. 그때 내가 접하고 눈물을 흘린 책이 천호식품 김영식 회장의 《10미터만 더 뛰어봐》였다. 그리고 '김밥 파는 CEO'로 유명한 김승호 회장의 자서전 및 《나는 부동산 투자로 인생을 아웃소싱했다》의 이나금 저자를 맞닥뜨리게 되었다.

나는 이나금 저자가 여성으로서 당당히 성공한 삶을 살아가고 있다는 데 충격을 받았다. 나름 열심히 내 자리에서 최선을 다하며 산다고 생각했는데 나의 아픔이나 고통은 그들의 그것에 비하면 새 발의 피였다. 그분들은 맨주먹 맨손으로 어마어마한 실패를 당당히 딛고 일어나 보란 듯이 세상을 향해 나아가고 있었다.

책 속의 책으로 연결된 독서를 하며 하루 1권 적어도 이틀에 1권 정도는 독파했다. 무기력하기만 했던 나의 심장에 다시 뜨거운 피가 용솟음치기 시작했다. 우울증과 불면증 약으로 인해 동태눈처럼 멍했던 내 눈동자가 빛나기 시작했다.

나는 책을 통해 제2의 인생을 넘어 제3의 인생과 뜨겁게 조우했다. 독서를 통해 어린 시절의 결핍을 인정하고 나를 위로하며 일으켜 세웠고 다시 시작했다. 이제 나는 책 쓰기로 세상에 나아가려 한다. 어떤 세상이 펼쳐질지는 모르지만 이미 내 심장은 뜨겁게 뛰기 시작했다. 나는 충만한 긍정 의식으로 무장한 채 세상을 향해 출동한다. 독서를 하면서 감동적인 인생 스토리를 알게 되고 공감하며 사람들에게 내 얘기를 할 수 있는 용기를 얻었다. 그러곤 책 쓰기를 결심하게 되었다.

글로 마음을 표현하기 시작하자 마치 봇물 터지듯이 그동안의 한이 쏟아져 나왔다. 하지만 그 한은 이제 더 이상 나를 좌지우지하지 못한다. 나는 나를 무심히 바라볼 수 있게 되었다.

아침 출근 방향이 동쪽이라 떠오르는 태양을 보며 운전한다. 이전에는 눈부심이 싫어 가림막을 내리며 인상을 찌푸렸다. 하지만 요즘에는 아침에 떠오르는 태양을 눈으로 보고 입으로 삼키고 가슴에 품는다. 태양만큼 뜨거운 심장으로 기대되는 뜨거운 내 삶을 꿈꾸며 《바람과 함께 사라지다》의 여주인공 스칼렛이 되어 외쳐 본다.

"내일은 또 내일의 태양이 뜬다."

내
인생을
바꾼
책
쓰기의
힘

9 - 16

신주영 임성훈 이은정 김희옥

김서진 안로담 설미리 최용석

책 쓰기로 진정 살아 있는 삶 살기

신주영 자기계발 작가

인간관계에 어려움을 겪은 10대와 20대를 거치면서 사람의 내적 성장에 깊은 관심을 가지게 되었다. 현재 자존감을 주제로 개인저서를 준비하고 있다.

내가 살고 있는 동네에는 편의점이 하나 있다. 겉으로 보기에는 다른 편의점과 크게 다르지 않다. 하지만 매주 토요일이 되면 이 편의점 앞으로 아침부터 늦은 저녁까지 긴 줄이 생긴다. 이 편의점에는 로또 1등을 일곱 번이나 당첨시켰다는 현수막이 걸려 있다.

많은 사람들은 자신의 인생이 달라지기를 바란다. 경제적으로 윤택하지 못한 사람일수록 다른 인생을 꿈꾼다. 하지만 실현시키기 위해 노력하지는 않는다. 대신 로또 1등에 당첨되어 일시에 자신의 인생이 달라지기를 꿈꾼다. 어떤 사람들은 삶이 이렇게 힘든데 어떻게 자신의 삶이 달라질 수 있겠느냐고 항변하기도 한다. 흙수저로 태어난 이상 자신과 후손까지 흙수저로 살아갈 것이라고 섣불리 단정 짓기도 한다.

20대의 어느 날, 나는 아버지에게서 헨리에트 앤 클라우저가 쓴《종이 위의 기적, 쓰면 이루어진다》라는 책을 선물 받았다. 다른 사람보다 되고 싶은 것도, 이루고 싶은 것도 많은 딸을 보며 딸의 꿈이 이루어지기를 바라는 마음에서 선물하신 것 같다. 나는 내 꿈을 차근차근히 기록했고 몇몇 꿈은 실제로 이루어지기도 했다.

하지만 거기까지였다. 나는 소소한 꿈들은 실현시켰지만 내 인생을 바꿀 만한 큰 꿈을 꿀 용기는 없었다. 아무것도 가진 것이 없는 사람으로서 왜 그렇게 소극적인 태도를 보였었는지….

서른네 살이 된 지금에서야 나는 20대의 나를 이해할 수 있게 되었다. 중학교 시절 나는 왕따였다. 내가 처음 왕따를 당하게 된 계기는 아주 사소했다. 어느 더운 여름날 체육시간이 끝나고 체육복을 교복으로 갈아입을 때였다. 남학생들이 일찍 들어와 옷을 갈아입고 있을 때 나는 혼자 교복을 가지러 교실에 들어갔다. 그런데 그들은 당황한 기색으로 순결을 빼앗겼느니 하는 말을 하기 시작했다. 나는 그저 가소로울 뿐이었다. 하지만 그날 이후로 남학생들이 나를 왕따시키기 시작했다.

중학교 3학년 때는 더욱 한심했다. 당시 학생들이 그다지 좋아하지 않는, 오히려 미움을 받는다는 표현이 알맞은, 가정 과목 여교사가 있었다. 그런데 무슨 이유에서인지 내 외모가 그 교사와 닮았다는 소문이 돌기 시작했다. 나는 한 반에서 왕따 당하는 것을 넘어 한 학년 전체 남학생의 왕따 대상이 되었다. 내가 복도를 걸어갈 때면 모세가 바닷길을 열었듯이 복도에 길이 하나 생길 정도였다.

내 정신적 충격은 건강에 문제를 일으켰다. 극심한 스트레스로 배에 가스가 가득 찼고 늘 헛구역질을 했다. 나는 그때부터 사람을 믿지 않았다. 인간의 본성은 악하다는 성악설을 열렬히 믿었다. 남학생과는 이야기를 거의 하지 않았다. 내가 할 수 있는 일은 그저 참는 것뿐이었다. 하지만 참는 것에도 한도가 있는 법이다. 나는 너무 화가 나서 칼 하나를 가지고 다닐까 하는 생각도 했다. 하지만 시시한 놈들 때문에 전과자가 될 수 없다는 생각에 포기했다.

악몽이었던 중학교 3년을 끝내고 고등학교 3년을 별 의미 없이 보냈다. 어느 대학 어떤 과에 들어가야 한다는 생각은 아예 없었다. 나는 모든 것이 지루했고 스스로를 증오했다. 누가 나를 괴롭히지만 않으면 된다는 생각을 했다. 나는 되는 대로 대학에 진학했고, 전공과목을 포기했으며, 하루 종일 도서관에서 손에 잡히는 대로 책을 읽었다.

그러던 20대의 어느 날이었는지는 정확히 알 수 없지만 나는 책을 쓰고 싶었다. 그래서 책을 쓰는 법을 가르쳐 주는 책을 닥치는 대로 사서 읽었다. 그리고 내 인생에 큰 변화를 가져다준 책을 발견했다. 김태광 작가의 《마흔, 당신의 책을 써라》였다.

나는 이 책을 읽으면서 〈한책협〉을 알게 되었다. 그리고 공저과정에 두 번 참여하게 되었다. 지금 생각해 보면 공저과정에 참여하게 된 것은 내가 그것을 종이에 기록했고 간절히 열망했기 때문이었다.

왕따를 당하고 나서 나는 신체적, 정신적으로 극복하기 어려운 상처를 안고 있었다. 너무 힘겨웠기 때문일까? 나는 우울증까지 앓게 되었다. 약을 먹었다 끊었다를 반복했다. 나는 아무것도 믿을 수 없었다. 내가 할 수 있는 것은 그저 책을 읽는 것뿐이었다.

많은 사람들이 자신이 성공할 수 있었던 비결로 독서를 말한다. 하지만 자신의 꿈을 진정으로 이루고 싶다면 독서에서 한 걸음 더 나아가 자신의 꿈을 기록하는 습관을 만들고 책 쓰기를 해야 한다. 나는 〈한책협〉을 알고 책을 쓰면서 그 책에 내 꿈을 기록할 수 있기를 갈망했다. 그리고 세 번째 공저과정에 참여하면서 드디어 내 꿈을 기록할 수 있는 기회를 가지게 되었다.

오랜 시간 동안 나는 사람들로부터 고립되어 있었다. 3년이라는 왕따 경험은 내게 지울 수 없는 상처였다. 그 때문에 나는 10대와 20대의 기억이 거의 없다. 가끔 과거를 회상하게 하는 1990년대 ~2000년대 초반 가요를 들으면 화가 치밀어 오르기도 한다. 과거는 내 적이었다. 나는 과거는 아무 의미 없는 것이고 현재와 미래만이 내가 손댈 수 있는 것이라고 생각했다. 과거는 1초라도 되돌릴 수 없기 때문이다.

나는 나 자신을 오랫동안 증오했다. 하지만 책 쓰기를 시작하면서 나는 나 자신을 조금 달리 보기 시작했다. 적어도 책 쓰기 하나만큼은 열심히 하고 있는 나 자신을 발견하게 된 것이었다. 독서가 나 자신을 둘러싼 환경을 조금씩 넓혀 줬다면 책 쓰기는 나 자신과 진정으로 화해할 수 있는 계기를 주었다. 적어도 책을 쓸 때만큼은 나는 더 이상 고민하지 않았다.

그동안 세상에 관심을 두지 않았다. 세상과 나 사이에는 결코 깨뜨릴 수 없는 단단하고 투명한 막이 있다고 생각했다. 하지만 책 쓰기를 시작하면서 나는 그동안 막혀 있던 물줄기가 흐르는 것을 느꼈다. 나는 더 이상 주저하지도 망설이지도 않을 것이다. 내 인생에서 처음으로 당당하게 내 미래를 꿈꿀 것이다.

내가 갈망하는 것은 많은 사람들에게 감동을 주는 뮤지컬을 쓰는 것이다. 20대 시절 나는 두 가지에 목숨을 걸고 있었다. 독서와 뮤지컬이었다. 뮤지컬 공연을 보면서 아름다운 음악을 들으며 배우들의 열정적인 모습을 지켜보는 것은 우울했던 과거와 현재를 잊는 데 큰 도움이 되었다. 이제 나는 더 이상 뮤지컬을 보는 데만 만족하지 않는다. 나 자신이 다른 사람들에게 감동을 줄 수 있는 뮤지컬을 만들 것이다. 내가 만든 뮤지컬은 많은 사람들에게 큰 감동과 위안을 줄 것이다.

많은 사람들이 재능이라는 말을 쓸 때는 결코 유쾌하지 않은 상황과 마주쳤을 때다. 다른 사람이 큰 성과를 이룬 것은 그가 타고난 재능이 있기 때문이라고 말한다. 반대로 자신이 그 일을 이룰 수 없었던 것은 재능이 없고 운이 따라 주지 않았기 때문이라고 말한다.

나는 그 말에 결코 동의할 수 없다. 내가 많은 사람들에게 감동을 주는 뮤지컬을 만들 수 있는 것은 타고난 재능 때문이 아니다. 내가 끊임없이 성공을 갈망하고 기록했기 때문이라는 것을 증명하고 싶다.

나는 음악을 거의 접한 적이 없다. 요즘 어떤 가요가 유행하는지도 잘 모른다. 내가 아는 음악은 뮤지컬 음악인 경우가 많다. 게다가 나는 고등학교 시절 음악 성적이 늘 반에서 꼴찌였다. 하지만 인생은 반전이 있어야 더 재미있는 법이다. 내 음악 성적이 나빴건 좋았건 중요한 것은 내가 뮤지컬을 무척이나 사랑하고 있으며 앞으로 열심히 뮤지컬을 공부할 것이라는 사실이다. 뮤지컬을 사랑하고 있는 만큼 나는 결코 작곡을 포기하지 않을 것이다. 10년이 걸리건 20년이 걸리건 내가 아름다운 뮤지컬 음악을 작곡할 수 있다는 것은 기정사실이다.

내가 아름다운 뮤지컬 음악을 작곡해 많은 사람들에게 큰 감동을 안겨 주고 나 자신도 큰 부를 축적할 수 있을 것이라 믿는다. 독서가 내 인생에 준 가장 큰 선물은 다른 사람이 꿈을 이루었다면 나 또한 이룰 수 있다는 믿음을 준 것이었다.

세 번째 공저과정에 참여하면서 나는 당당히 세상에 내 꿈을 선포할 수 있게 되었다. 나는 머지않아 아름다운 뮤지컬 음악을 작곡할 수 있는 능력을 갖추게 될 것이다. 그리고 많은 사람들에게 큰 감동을 안겨 줄 수 있는 그런 사람이 될 것이다. 이 공저를 통해 나는 당당히 외친다. 나에게는 내 꿈을 이룰 수 있는 재능이 있다. 적어도 10대와 20대의 무기력했던 나와는 당당히 결별할 수 있게 되었다. 책을 쓰면서 나는 그런 능력을 갖추게 되었다. 그것에 한없이 감사하고 있다.

10

책 쓰기를 통해 새로운 삶 시작하기

임성훈 부모교육코치, 동기부여가, 인문고전독서가

두 아이를 키우면서 아이들을 '행복한 천재'로 키우는 것이 부모의 소명이라는 것을 깨달았다. 자녀교육의 경험을 바탕으로 '칼 비테 교육법'을 주제로 개인저서를 집필했고, 출간을 앞두고 있다. '부모가 먼저 변해야 아이가 변한다'라는 신념을 갖고 부모교육코치로 활동하고 있다.

• Email gaiasin@naver.com
• C·P 010.9753.1905
• Blog blog.naver.com/gaiasin
• Instagram sunghoon66

"아빠, 내 친구 아빠는 나이가 마흔 살이래. 아빠는 몇 살이야? 마흔 살 아니야?"

어느 날 아이가 내 나이를 물어봤다. 갑작스러운 일인지라 당황스러웠다.

"음… 아직 아니야. 아빠 친구들은 마흔 살인데, 아빠는 올해 서른아홉 살이야"

나는 2월생이라 일곱 살에 초등학교에 입학했다. 요즘은 그렇지 않지만, 내가 초등학교를 다니던 시절에는 1,2월에 태어난 아이들은 1년 먼저 입학하는 경우가 많았다. 그래서 친구들이 대개 나보다 한 살 많다. 내 나이는 상황에 따라 한 살이 왔다 갔다 한다.

나는 아이에게 아직 마흔 살이 아니라는 이야기를 하면서 조금 안심이 되었다. 그래 봤자 한 살 차이인데 내가 안도감을 느끼는 이유는 무엇일까?

대학 시절에 고(故) 김광석 씨의 〈서른 즈음에〉를 들으면서 서른 살 정도 되면 뭐라도 되어 있을 거라고 생각했다. 갈 길을 몰라 방황하고, 미래를 고민하는 일은 없을 것만 같았다. 정신적으로도 물질적으로도 안정된 30대가 될 줄 알았다.

그런데 웬걸! 30대는 더 불안하고 정신이 없었다. 결혼해서 아이 낳고, 회사에서 자리 잡으려고 미친 듯이 앞만 보고 달리다 보니 어느새 마흔 살이 눈앞에 다가왔다. 첫째 아이는 벌써 초등학생이다. 학교에 가면 '아비님'이란다. '내가 벌써?' 믿기지 않는다.

서점에 가면 '마흔'이라는 단어를 제목에 품고 있는 책들이 잔뜩 있다. 그런 책들을 보면 마흔 살에는 되어야 할 것이 많다. 몸짱이 되어야 한다. 논어와 손자병법을 읽는 것은 기본이다. 누구나 부러워하는 멋진 서재의 주인공이어야 할 것만 같다. 마흔 살이라면 왠지 건물주가 되어 있어야 할 것 같다. 그게 아니라면 부동산이나 주식으로라도 돈을 많이 벌어야 한다. 그렇지 않으면 뒤처지는 느낌이다.

딱히 이루어 놓은 것 없이 맞이하는 마흔 살은 공포다. 어떤 것을 이루었는가? 지금 어떤 일을 열정적으로 하고 있는가? 앞으로 어떤 꿈을 품고 살아갈 것인가? 어느 것 하나 자신 있게 대답하기 힘들다면 제대로 살고 있는 것이 맞을까?

어릴 때부터 나는 '정상적인' 코스를 밟으며 살아왔다. 보편적으로 많은 사람들이 '이렇게 살아야 한다'라고 여기는 길에서 크게 벗어난 적이 없다. 초·중·고등학교 시절에 공부를 열심히 해서 꽤 좋다는 대학에 합격했다. 대학 시절의 고시공부는 성공하지 못했다. 하지만 공군 장교로 입대해서 사회생활을 시작했다. 전역을 한 달 앞두고 결혼했고, 바로 대기업에 입사했다. 아들 하나, 딸 하나를 키우고 있다.

많은 사람들이 괜찮다고 생각하는 삶이다. 하지만 나는 이런 삶을 꿈꾸지 않았다. 대학 시절까지 단 한 번도 내가 회사원이 될 거라는 생각은 해 본 적이 없었다. 고시에 합격하지 않는다면 프리랜서 작가가 되어 있을 거라 생각했다. 하지만 현실에 순응하며 흘러가는 대로 살다 보니 꿈과는 많이 어긋나 있는 것 같다.

나는 항상 해야만 하는 일과 하고 싶은 것 사이에서 갈등해 왔다. 주어진 상황에서 꼭 해야 하는 일은 힘들어도 대부분 참으면서 해냈고, 인정도 받았다. 하지만 그러면서 항상 옆을 돌아보았다. '내가 정말 하고 싶은 것은 이게 아닌데…' 하면서 말이다.

고등학교 시절에는 입시에 모든 것을 걸어야 했다. 열심히 공부했다. 그렇지만 당시에 진짜 하고 싶었던 것은 철학 공부와 인류의 고대문명사에 대한 연구였다. 야간자율학습을 끝내고 집에 돌아와 새벽까지 책을 읽는 날이 많았다.

주로 동양고전과 그 해설서, 그레이엄 핸콕의 《신의 지문》과 같은 책을 읽었던 것 같다. 고전은 무슨 말인지 깊은 뜻을 깨우치지는 못했다. 하지만 읽고 나면 왠지 모를 뿌듯함이 밀려왔다. 고대문명에 대한 책은 내 호기심을 자극했다. 언젠가는 마야와 잉카 문명의 주요 유적지에 가 보고 싶다는 꿈을 가졌다.

더 마음이 가는 쪽은 철학 공부였다. '그래, 내가 할 일은 이 일이야'라는 생각에 부모님과 선생님께 철학과에 진학하고 싶다는 뜻을 밝혔다. 부모님은 진지하게 내 이야기를 들어 주셨다. 그리고 인맥을 총동원해 철학과의 비전, 유명한 곳 등 많은 정보를 알아봐 주셨다. 심지어 철학과 교수와 통화해 보시기도 했다.

반면에 학교 선생님은 들을 가치가 없는 소리라고 일축하셨다. 한번은 수업시간에 선생님께서 몇몇 학생들에게 돌아가며 대학교의 무슨 학과에 들어가고 싶은지 질문하셨다.

"임성훈이는 무슨 학과에 들어가고 싶노?"
"저는 철학과에 가고 싶습니다."
"와? 철학관 차리게?"

법학과나 경영학과라는 대답을 기대하셨던 선생님은 어이가 없다는 반응이셨다. 친구들의 웃음소리가 비수처럼 꽂혔다. 의도하지는 않았겠지만, 아이들의 웃음소리가 나에게는 비웃음으로 들렸던 것 같다.

부모님과의 긴 대화 끝에 '현실적인' 이유로 철학과에 진학하겠다는 마음을 접었다. 대신 부모님도 원하시고 나도 그렇게 나쁘지 않다고 생각한 고시공부를 하기로 했다. 나는 대학교에 들어가 1년 정도 실컷 놀고 고시공부에 몰입했다.

고시공부는 나 자신과의 싸움이었다. 하루 종일 도서관에 앉아 있다 보면 많은 생각이 밀려왔다. '나는 왜 이러고 있을까?', '어떻게 살아야 할까?', '고시에 합격하면 좋을 것 같긴 한데 이 길이 내 길이 맞을까?' 등등.

어느 날 잠시 머리를 식히려고 도서관에서 책을 구경하다가 우연히 선불교에 관한 책을 펼쳐 보게 되었다. 머리가 시원했다. 고승들의 선문답이 그때는 그렇게 멋있어 보였다. 한여름에 1.5킬로미터를 뛰고 나서 마시는 이온음료 같았다. 나는 고시공부를 하면서도 틈틈이 불교 서적을 뒤적거렸다.

군 입대 후부터는 월급을 받는 사회생활의 시작이었다. 공군 장교도 샐러리맨과 본질적으로는 크게 다르지 않았다. 일과를 마치고 퇴근하면 마음껏 책을 읽을 수 있었다. 당시에 김해에서 근무했는데, 쉬는 날이면 어김없이 해운대에 가서 책을 사 보고 해변을 걸었다.

군에서 독서노트를 만들어 읽은 책에서 중요한 내용은 메모하는 습관을 들였다. 그리고 그 내용에서 내가 느낀 점이나 떠오르는 아이디어도 함께 적었다. 누가 하라고 한 것도 아니고, 딱히 무슨 목적이 있었던 것도 아니다. 그냥 그렇게 하면 지식이 정리되고, 흩어져 있는 생각을 연결하는 재미가 있었다. 입사 후에도 그 습관은 계속 이어졌다. 어지간하면 손에서 책을 놓지 않으려고 했다.

몇 년 그렇게 독서노트를 정리해 가며 책을 읽다 보니 어느 순간 책을 쓰고 싶다는 생각이 들었다. 그런데 막상 책을 쓰자니 막막했다. 어떤 주제로 책을 쓸지, 제목은 어떻게 하는 것이 좋을지, 출판사와는 어떻게 연락해야 하는 것인지 알 수가 없었다. 책을 쓰는 방법이 나와 있는 책도 몇 권 읽어 봤지만 바로 실행하지는 못했다.

책을 쓰고 싶다는 열정은 있었지만, 우물쭈물하는 사이 그 열정은 점점 사그라들었다. '꼭 해야겠다'라는 적극적인 생각으로 책 쓰는 법을 알아보지 않았던 것 같다. 평범한 현실에 안주했다. 일상의 수조 안에서 무력감이 내 발끝에서부터 차올라 코밑에서 출렁출렁할 때까지 나를 방치해 둔 것이다.

열정은 그 자체의 에너지도 중요하지만 방향도 중요하다. 스스로, 혹은 누군가 명확하게 방향을 잡아 주지 않는다고 해 보자. 그러면 열정이 성과로 이어지지 않는다. 그리고 열정을 쏟아붓는 일에 가치를 느낄 수 없거나 자신에게 맞는 일이라는 확신이 들지 않으면 지속할 수 없다.

돋보기로 햇볕을 모아 종이를 태워 본 경험이 한 번쯤은 있을 것이다. 돋보기를 이리저리 움직이다 햇볕의 힘이 최댓값이 되는 그 순간에 들이대야 종이에서 하얀 연기가 피어오른다. 이와 마찬가지로 열정을 한 점에 집중하지 않으면 일이 이루어지지 않는다.

서른아홉 살, 나는 아이와의 대화에서 위기의식을 느꼈다. '내 나이 앞자리 숫자가 바뀌기 전에 책을 쓰자.' 잃어버렸던 열정을 다시 불태웠다. 이번에는 제대로 책을 쓰는 방법을 찾았다. 가장 빠른 시간 안에 책을 쓸 수 있도록 코칭해 주는 곳을 찾았다. 도서관에서 책을 뒤지고 인터넷 검색을 몇 번 하니 금세 찾을 수 있었다. 나는 〈한책협〉에서 책 쓰기에 대한 모든 것을 배웠다. 카페에 방문한 지 두 달 만에 한 권의 공동저서를 집필했다. 그리고 한 권의 개인저서 원고가 거의 완료 단계다.

지난 10여 년간의 독서가로서의 삶은 지식 소비자의 삶이었다. 이제는 지식 생산자로 살아간다. 그동안은 잘 소화되지 않는 글을 머리에 막무가내로 집어넣었다. 이제는 내 머리와 가슴에서 숙성되고 정제된 글을 세상을 향해 펼친다. 수동적인 삶에서 능동적인 삶으로의 변화다. 읽는 독서에서 쓰는 독서로의 전환이다. 독서의 마지막은 책 쓰기다. 나는 책 쓰기를 통해 새로운 삶을 꿈꾸고 있다.

헤르만 헤세의 소설 《데미안》에는 이런 구절이 나온다.

"새는 알을 깨고 나온다. 알은 새의 세계다. 태어나려는 자는 한 세계를 파괴하지 않으면 안 된다."

새가 알을 깨고 나올 때는 결단과 집중이 필요하다. 기존의 세계가 전부가 아니라는 것을 깨달아야 한다. 그리고 그 세계를 무너뜨려야 한다는 결심이 필요하다. 나를 지켜 주던 '익숙함', '상식'이라는 것이 오히려 나를 가두고 있다는 사실을 알아야 한다. 그리고 집중해서 과감하게 실행해야 한다. 껍질을 깨야 한다.

나는 다시 태어나려고 한다. 나를 두르고 있던 한 세계를 파괴하고 나오려고 한다. 이것은 단순한 파괴가 아니라 창조적 파괴다. 쉽지만은 않다. 아직 부리가 약해 껍질이 쉬이 깨지지 않는다. 힘이 부족하다고 느낄 때도 있다. 하지만 멈추면 안 된다. 껍질이 깨질 때까지.

11

나를 들춰내어 꿈 이루기

이은정 일본 선교사, 10년 차 국공립 어린이집 교사, 부모교육상담가, 자기계발 작가, 동기부여가

10년 차 어린이집 교사로 국공립 어린이집에 재직 중이다. 일본 선교사로서 일본 선교에 비전을 갖고 있으며 동기부여가, 부모교육상담가로 활동 중이다. 현재 '우리 아이 하브루타 자녀 교육법'을 주제로 개인저서를 집필 중이다.

• Kakaotalk jeung8239

꼴지가 아침저녁으로 기도를 했더니 전교 1등을 했다더라! 이 말이 발단이었다. 사실일까? 그 친구에게 무슨 일이 있었던 걸까? 그 친구는 무엇을 본 걸까? 시험해 보고 싶었다. 매일 밤 눈을 감고 기도했다. 하지만 나에게는 아무런 일들도 일어나지 않았다. 오기가 생겼다. 저녁 기도가 부족하면 새벽을 깨우리라! 매일 새벽과 저녁을 깨우며 기도했다. 시끄럽다며 통장 아주머니가 찾아왔다. 개의치 않았다. 기도가 생활이 되었고 나는 그렇게 그리스도인이 되어 갔다.

2009년 결단 끝에 일본 선교를 결심했다. 다니던 어린이집을 그만두고 일본 선교를 준비했다. 이해하지 못하는 가족들을 위해 기도하며 아르바이트를 시작했다. 최소한의 용돈으로 생활하며 날마다 감사하는 마음으로 살았다. 육체적 노동이 힘들지라도 버텼다. 차비가 없을 때도, 길거리에서 김밥 한 줄에 의지해서 배고픔을 해결할 때도 나는 버텼다. '이것이 주님의 뜻일 거야! 나는 일본에 간다!'

2011년 일본 대지진이 일어나 현지 선교 훈련이 미루어졌을 때도 나는 지치지 않았다. 계속해서 일본 선교를 준비했다. 그러다 기회가 왔다. CCC 선교 단체를 통해서 일본 선교를 갈 수 있는 기회가 생겨났다. 많은 사람들의 관심과 응원 속에 기도를 받으며 출발했다. 후쿠오카는 새로웠고 센터의 생활에도 차츰 적응해 나갔다.

3개월치의 생활비가 다 떨어질 때쯤 기도했다. "아르바이트를 주세요. 생활비가 필요해요." 정말 그때 나에게 기적 같은 일이 일어났다. 일본어를 못한다며 채용하기를 망설였던 라멘 집 사쵸가 센터로 직접 찾아왔다. 할 수 있는 일은 설거지뿐이었지만 주 2회 일할 수 있다는 사실에 너무 감사했다.

일본 라멘 집에는 고무장갑이 없었다. 맨손으로 돼지기름이 묻은 들통을 닦으면서 생각했다. '옛날 우리 곰탕집 같네.' 구제역으로 망한 우리 곰탕집이 떠올랐다. 경험은 경험을 준비시켰다.

나에게는 같은 방을 쓰는 룸메이트가 있었다. 성악을 전공한 친구였는데 예술을 해서인지 많이 예민했다. 함께 사용해야 했던 2층 침대의 뒤척이는 소리에도 잠들지 못했다. 털털했던 나에게는 무척이나 까다로운 친구였다. 가족들에게 했던 것처럼 양보하고 사랑하면 잘 지낼 줄 알았는데 일이 터져 버렸다. 지적하기 좋아했던 그 친구를 향해 내가 결국 폭발해 버린 것이다. 부부가 결혼하면 이렇게 되는 것일까?

결국 우리는 간사님께 불려 갔다. 간사님은 "화해를 하든지, 짐을 싸든지…"라고 했다. 화해는 불가능해 보였다. 토라지면 말을 하지 않는 친구에게 먼저 이야기를 꺼내기가 어려웠다. '짐을 싸야겠구나'라고 생각할 때쯤 친구가 먼저 말을 꺼냈다. "우리 얘기 좀 해야 하지 않을까?" '부부싸움은 칼로 물 베기'라던데 우리 모습이 그랬다. 그날 이후로 우리는 서로를 이해하며 가까워졌다. 일본에서 돌아온 이후에도 한 달에 한 번씩 만날 만큼 친해졌다. 친구가 생긴 것이다.

내가 센터에서 하는 역할은 세이난 대학교에서 일본인 친구들을 사귀는 일이었다. 일본인 친구들은 다가가는 우리에게 쉽게 마음의 문을 열어 주었다. 우리는 일본인 친구들을 초대해서 한국의 음식을 만들어 주었다. 한국어 공부를 하고 싶어 하는 친구들에게는 한국어를 가르쳐 주었다. 나는 일본어를 잘하지 못한다. 하지만 일본인 친구들은 고개를 끄덕이며 알아듣는 것 같아 보였다.

센터 앞에는 하카타 그리스도 교회가 있었다. 내가 다닌 교회다. 하카타 그리스도 교회에 다니는 일본인들은 한국인들을 따뜻하게 맞이해 주었다. 일본에서는 좀처럼 보기 힘든 대형교회다. 그곳에는 우리뿐만 아니라 한국인들이 제법 많았다. 그래서인지 낯선 일본 땅에서 위로가 되었다.

'일본인들은 개인주의 문화가 강하며 폐 끼치기를 매우 싫어한다.' 나는 이 말을 늘 기억하고 생활 속에서 일본인들에게 폐를 끼치기 않기 위해 노력했다. 하지만 내가 만난 일본인들은 정말 그러한가! 라는 생각이 들 정도로 다르게 느껴졌다.

아르바이트가 끝나면 라멘 집 사쵸는 플라스틱 통에 배추절임 같은 장아찌들을 담아 주었다. 가정식 반찬 같아 보였다. 객지에서 생활하는 한국인을 생각하는 마음이 느껴졌다. 반찬 통을 들고 센터로 돌아오는 길에 웃음 지었던 모습이 생각난다.

세이난 대학교의 일본인 친구들은 쉬는 시간을 이용해 우리를 만났다. 우리는 학교 내 체육실에서 함께 배드민턴을 쳤다. 아마도 한국인 친구들을 생각했던 일본인 친구들의 배려였을 것이다. 지드래곤을 좋아하는 나나쨩은 목요일 저녁마다 GF예배 모임에 왔다. 가까운 거리가 아닐 텐데 모임에 참석하는 것을 즐거워했다. 한국인 친구들이 모두 떠난 후에 센터에 혼자 찾아갔다는 소식을 들었다. 내가 일본에서 돌아온 이후에 보이스 톡으로 가끔 연락이 왔는데 아마도 보고 싶었던 것 같다.

카오리쨩은 내가 일하는 라멘 집이 보고 싶다며 일부러 센터까지 찾아와 주었다. 일본의 문화를 경험하면서 재미난 에피소드들이 많았는데 가장 기억에 남는 일은 쯔끼노 사건이다. 일본에서는 목욕 시 때를 밀지 않는다. 그래서 목욕탕의 풍경을 둘러보면 일본인인지 한국인인지 금세 알 수 있다. 구석에서 때를 미는 사람은 한국인이다. 나 역시 쯔끼노를 즐겼는데 항상 구석에서 때를 밀었다.

그러던 어느 날, 칸막이 건너 내 옆자리에 앉아 있던 일본인 아주머니께서 나에게 말을 걸어왔다. 어디서 왔느냐? 어디에서 생활하느냐? 대충 이런 내용인 것 같았다. 짧게 대답했는데 갑자기 아주머니께서 때 타월을 달라고 하셨다. 무슨 의미인지 몰라서 드렸더니 갑자기 내 등을 타월로 밀기 시작하셨다. 나는 "아니에요. 아니에요. 괜찮아요. 괜찮아요."라고 거듭 말했다. 아주머니는 당황한 나에게 "괜찮아, 괜찮아."라고 부드럽게 말씀하셨다. 나는 그렇게 일본인들과 가까워지고 있었다.

일요일. 그날도 주일 예배를 드리고 센터로 돌아왔다. 휴대전화를 확인하자 부재중 전화가 10통 가까이 와 있었다. 집이었다. 가슴이 철렁했다. 직감적으로 알았다. '집에 큰일이 생겼구나!' 역시나 예감은 틀리지 않았다. 아빠께서 또 쓰러지신 것이다. 내가 고등학교 1학년 때 아빠께서 처음 쓰러지셨다. 그때 나는 가장이 무너지면 가정이 어떻게 변하는지 알았다.

"미안해. 아빠께서 아프셔서 한국으로 돌아가게 되었어."라는 메시지를 일본인 친구들에게 보냈다. 내 말이 그들에게 거짓말로 들리지 않기를 진심으로 바랐다. 마지막 인사도 없이 떠난 예의 없는 친구가 되지 않길 진심으로 바랐다. 한국으로 돌아오는 비행기 안에서 나는 되뇌었다. "다시 일본으로 돌아올 수 있을 거야. 그리고 아빠의 간병은 후회 없이 내가 할 거야."

처음 아빠께서 쓰러지셨을 때, 엄마 나이가 내 나이쯤 되었을 것이다. 이제는 약해진 엄마 대신 내가 간병해야만 한다. 열일곱 살. 그때는 중환자실에 누워 계신 아빠가 내 아빠가 아닌 것 같아서 병실에 들어가기조차 두려웠다. 하지만 지금의 나는 예전의 내가 아니다. 어쩌면 이번 기회가 아빠와 함께할 수 있는 소중한 추억이 될 것이다. 누워 있는 아빠와 함께 침상에서 밥을 먹고 이를 닦고 이야기를 나누었다. 돌이켜 보면 내 인생에서 아빠와 가장 오래 보낸 시간들이었다. 후회 없는 시간들이었다.

하지만 인생은 내 계획과 다르게 움직였다. 나는 다짐과 다르게 일본으로 돌아가지 못했다. 내 어깨에 무거운 짐이 놓였기 때문이다. 하지만 나는 인생이 내 계획과 다르게 움직인다 해도 좌절하지도 포기하지도 않았다. 기회가 반드시 찾아올 것이다. 그렇게 믿었다. 그러나 가끔씩 "내 유익이 아닌 타인을 위한 삶을 살겠다는데 그것도 허락이 안 된단 말인가!"라고 원망 섞인 말들을 쏟아 내기도 했다.

그렇게 5년이 흘렀다. 무릎을 다치고 성공 관련 서적을 찾다가 우연히 책 한 권이 내 손에 들어왔다. 그리고 그 책을 통해 〈한책협〉의 김태광 대표 코치를 알게 되었다. 〈한책협〉의 〈1일 특강〉을 듣고 바로 그날, 〈책 쓰기 과정〉을 신청했다. 미루지 않았다. 나는 하고 싶은 일은 결국 하기 때문이다.

나는 지금 김태광 대표 코치께 책 쓰기를 배운다. 나의 어릴 적 꿈은 작가였지만 그동안 글쓰기를 배운 적은 없다. 책 쓰기 과정은 이번이 처음이다. 나는 책 쓰기 과정을 통해 글쓰기의 기술을 배운다. 지금 쓰고 있는 글 역시 나에게는 배움이다. 책 쓰기가 나를 들춰내고 나를 치유시킨다. 지난 시절 일본 선교가 나의 꿈이었다면, 지금은 책 쓰기가 나의 꿈이 되었다. '하브루타.' 나는 하브루타 관련 책을 쓴다. 아이들의 생각을 확장시키는 기술에 대해 쓴다.

내 인생이 내 계획대로 되지 않더라도 나는 절대 포기하지 않을 것이다. 일본 선교도, 책 쓰기도 계속 꿈꿀 것이다. 꿈은 반드시 이루어진다.

12

책 쓰기를 통해
세상 밖으로 나를 드러내기

김희옥 〈바른인성교육협회〉 대표. 마음소통 전문가, 감정코칭 컨설턴트, 내면아이 EFTer 심리상담사, 마음 멘토, 기업 커뮤니케이션·소통대화법·인성교육·동기부여 강연가, 자기계발 작가

비서, 대기업 근무, IT프리랜서 그룹 운영, 주식 7년, 불교 마음공부, 정법 사람공부, 심리상담, 인성교육, 부부 마음소통 등
스스로의 인생을 뒤돌아보니 자신의 성장 속에는 자신을 깨우는 멘토들과 스승님이 늘 함께 있었다. 그동안의 지식과 경험,
지혜를 공유해 올바른 인성을 갖춘 의식 성장과 자기 길을 갈 수 있도록 도움을 주는 인성교육 마음 멘토이고 싶어 한다.
저서로는 《버킷리스트 17》이 있고, 현재 내면을 탐구한 '감정'을 주제로 개인저서를 집필 중이다.

• Email mitgute@naver.com   • Blog blog.naver.com/mitgute
• C·P 010.3588.3352

나는 대기업에서 UI 디자이너로 일하다가 좀 더 큰 꿈을 이루
기 위해 창업했다. IT 프리랜서 그룹을 운영하면서 프로그래머, 디
자이너, 플래셔 등 IT 전문가와 함께 일했다. 전문분야에서 일하는
사람들의 특징 중 하나는 자기 분야에 대한 프라이드가 상당히 높
다는 것이다. 나는 기획부터 개발 업무까지 설계하면서 그들을 조
화롭게 이끌었다. 비교·분석하는 오랜 직업 성향이 사람의 근기를
파악하는 좋은 재능으로 작용했다. 덕분에 서로의 성향 파악이 자
연스럽게 소통으로 이어졌다.

어느 정도 시스템이 갖춰질 무렵 재테크 차원에서 경매를 공부했다. 그러다 경매에 필요한 자금을 키우려고 주식을 하게 되었다. 그것이 7년이라는 세월 동안 나를 세상과 단절시켰다. 주식으로 자산을 키워 엄마와 세계여행을 하면서 자유롭게 살고 싶은 꿈이 있었다. 그 꿈은 결국 가족한테 마음의 빚과 깊은 상처를 안겨 주었다. 무엇보다도 내 30대의 절반 이상을 내 안에 갇힌 세상 속에서 하염없이 헤맸다.

마음을 할퀴고 간 세월의 흔적은 고스란히 내 몸에도 아픈 흔적을 남겼다. 밤새워 주식을 공부하면서 생활습관이 바뀌었고, 새벽이면 극심한 위통으로 죽을 것만 같았다. 최악의 마음 상태에서 병원을 가게 되면 안 좋은 소리만 들을 것 같았다. 그냥 독하게 막무가내로 버텼다.

그러다 어느 정도 마음의 안정이 찾아올 때쯤에 스스로 병원을 찾았다. 위장염이라는 진단을 받고 약 처방을 받았다. 그리고 다행스럽게도 빠른 속도로 건강이 회복되었다. 위장에 좋은 운동을 찾다가, 당시 유명했던 108배 운동을 하게 되었다. 그러면서 자연스럽게 불교와 인연을 맺었다. 《걱정 말고 기도하라》라는 책 한 권의 인연 덕분이었다.

내가 처음 인연을 맺게 된 불교선원은 주지스님께서 명문대 경제학도 출신이었다. 경제학과 성공학 그리고 불교를 융합해 법문을 해 주셨다. 어렵게만 생각했던 불교가 이렇게 과학적이고 재미있는 줄 처음 알았다. 두 번째 인연을 맺은 불교선원에서는 불교와 감정 (기운)과 심리학을 토대로 사회생활에 필요한 여러 가지 노하우들을 배웠다. 이것들은 추후 심리상담 전문가로서 새로운 삶을 살기 위해 공부할 때 많은 도움이 되었다.

진정 스승님의 유튜브 〈정법시대〉는 그동안의 마음공부와는 또 다른 차원의 공부였다. 사회공부, 자연공부, 사람공부를 근원으로 깊이 있게 공부할 수 있었다. 또한 '세계명상대전'을 개최하시고 국내외에서 명상수행 붐을 일으킨 명상수행승 각산 스님으로부터 기본적인 명상을 공부했다. 뿐만 아니라 좀 더 합리적인 서양의 심리치유기법 EFT가 마음과 몸, 정신 공부에 빠르게 흡수되었다.

IT업과 주식을 병행하다 불교에 입문하며 자연스럽게 주식은 그만두게 되었다. 주식도 생명이 있는 유기체이기 때문에 처음에는 마음공부를 주식에 적용하려고 했었다. 그러다 결국 마음공부는 주식이 아니라 사람에게로 향해야 함을 깨닫고 과감하게 주식을 내려놓았다. 7년의 주식수행을 통해 나는 뼈저리게 깨달은 것이 두 가지가 있다.

첫 번째는, 인생에서의 습관의 중요성이다. 주식을 하는 동안 주식 곡선에 나의 인생의 곡선이 오버랩되었다. 그 안에서 많은 통찰과 깨달음이 뼛속 깊이 새겨졌다. 주식을 하면서 엄마와 형제들의 마음에 깊은 상처를 남겼다. 그럴수록 더 크게 집착하며 결국 마음의 바닥 점까지 찍었다. 힘들었던 기간만큼 마음을 재건하면서 회복하는 기간도 그만큼 걸렸다. 마음의 정체 기간까지 합하면 더 오래 걸렸다. 그리고 큰 깨달음, 습관 하나를 얻었다.

두 번째는, 인생에서의 멘토의 중요성이다. 나는 주식을 하는 동안 두 분의 주식 멘토를 만났다. 공교롭게도 극과 극의 영역의 고수들이었다. 큰 흐름을 역행하는 잘못된 습관에 맛들인 나는 다른 멘토의 공들인 노력에도 쉽게 습관을 바꾸지 못했다. 100년에 한번 올까 말까 한 큰 시장의 변화에 순응하지 못했다. 시장을 역행하는 습관과 전환점에서의 변화를 받아들이지 못한 나의 무지와 고집 때문이었다.

깊은 고뇌와 아픔을 겪은 후 온몸의 힘이 빠지고서야 나는 정신이 돌아왔다. 그때쯤에 불교와 인연이 되었고 나의 주식세상은 마법처럼 조금씩 풀어졌다. 7년 만에 깊은 잠에서 깨어난 나는 불교의 마음공부를 빠르게 흡수했다. 주식으로 무너진 마음을 재건하면서 회복하기 시작했다. 여기에 많은 인연의 보살핌이 있었음을 알았다. 나는 나에게 주어진 환경과 인연을 감사히 여기면서 지냈다.

그러다 마음공부의 근원인 사람공부를 하기 위해 사람과의 교류가 활발한 직업을 찾았다. 미리 기획된 것처럼 알 수 없는 이끌림에 삼성화재 강남 CS 지점에 입사했다. 3년 가까이 사람들을 만나면서 경험하고 깨달은 것들을 온전히 다 흡수했다. 그리고 IT업을 완전히 정리하고 심리상담 전문가라는 새로운 삶을 살기 시작했다. 불교선원에서 공부한 것들이 토대가 되어서 나만의 마음법 철학이 정립되어 갔다.

다소 늦은 결혼을 한 만큼 2세 준비를 서둘렀다. 결혼 전의 마음공부로 인해 남편과의 소통이 좋은 편이었다. 하지만 결혼 후는 둘만의 세상이 아니었다. 보이지 않는 부분들을 알아 가고 흡수하는 데 1년이라는 세월이 금세 지나갔다. 정신없이 1년을 보내고 마음의 안정을 찾았다. 그리고 임신에 집중하기 위해 모든 사회활동을 잠정 중단했다. 고령출산을 위한 난임 병원을 다니면서 위대한 생명 탄생을 위해 우주만물이 하나 됨을 몸소 경험했다. 그러면서 세상에 태어난 우리가 참으로 귀한 존재임을 뼛속 깊이 느꼈다.

그러다 앞으로의 인문과학의 시대에 사람을 바르게 대하는 교육을 위해 나는 많은 일들을 하기로 다짐했다. 그러던 중, 우연히 〈한책협〉과 인연이 되었다. 그리고 2년 전부터 해 온 '나의 책을 쓰고 싶다'라는 막연한 생각이 구체적인 소원으로서 이루어지기 시작했다. 내 옆에서 늘 나를 믿고 응원해 주는 남편이 고맙고 감사하다.

책 쓰기 수업이 시작되었다. 난임 병원을 다니면서 지친 마음에 새로운 도전으로 인해 활력과 생기가 돌았다. 마음의 여유를 찾아 병원을 그전보다는 편안하게 다니게 되었다. 담당 원장선생님의 의사로서의 무거운 책임감도 더 이해하게 되었다. 김태광 대표 코치의 도움을 받아 '감정'을 주제로 본격적으로 나의 글을 써 내려갔다.

병원에 다니는 일과 병행했기 때문에 너무 무리하지 않게 원고 쓰는 시간을 조율했다. 동기들은 밤샘도 불사하며 빠른 속도록 원고를 마쳤다. 그것이 내심 부럽기는 했지만 신경 쓰지 않고 내 페이스대로 갔다. 막상 글을 써 보니 나를 세상에 끄집어내는 게 쉽지 않았다. 동양적 관점의 마음법과 서양의 감정심리법의 중간 연결과정에서 혼란이 왔다. 실체는 같겠지만 관점 차이의 정리가 필요했다. 혼란스러움은 좀 더 확장성으로 정리되어 갔다. 나는 책에 저자의 영혼이 배어 있다고 믿는 사람이다. 가끔은 너무 진중해서 스스로를 피곤하게 하지만 사람의 마음을 다루는 분야라 정리가 필요했던 것 같다.

책 쓰기를 통해서 나의 마음의 관점이 많이 바뀌었다. 그동안 마음공부로 나의 감정이 많이 순화되고 정화되었다고 믿었다. 그러나 마음 필터로 미처 거르지 못한 찌꺼기들이 책 쓰는 과정에서 고스란히 드러났다. 나는 초보 작가임에도 뭔가 부족하다는 생각과 큰마음의 울림을 전해야 한다는 부담감이 있었다. 나는 내 경험과 인생 스토리 속에서 깨닫고 치유된 것만 세상에 내주어도 충분하다는 것을 나의 내면아이에게 알려 주었다. 뭔가 있어 보이고 똑똑해 보이고 싶은 나의 완벽주의 성향이 마음의 결핍을 더 강하게 만들기도 했다. 자꾸만 더 보태려는 마음이 욕심을 부리기도 했다.

나는 나의 내면의 결핍보다는 남에게 뭔가를 더 줘야 한다는 나의 내면아이와 만났다. 그리고 EFT(Emotional Freedom Techniques; 부정적 감정은 신체에너지시스템이 혼란된 것이라고 전제하며, 특정 타점을 두드림으로써 신체에너지시스템의 혼란을 해소해 치유하는 기법)를 통해 그동안 무겁게 끌고 왔던 상처와 마음의 짐들을 보기 시작했다. 나는 그것들을 하나씩 받아들이고 흡수하고 정리하면서 나를 정화해 갔다. 그러면 가벼워진 그만큼 나는 글을 쓸 수 있었다.

책을 머리보다는 가슴으로 대하기 시작했다. 저자의 마음으로 들어가서 읽게 되었다. 그러자 책과 저자를 있는 그대로 사랑하는 마음이 생기면서 공감능력이 더 좋아졌다. 그리고 그 에너지가 나도 모르게 나에게로 들어왔다. 논리적인 잣대로 분석하고, 다르면 강하게 비판하려는 예전의 내 감정이 자연스럽게 녹아내렸다. 책 쓰기가 아닌 진짜 마음공부를 하고 있었다. 내 마음 중심에 '진짜 사람'이 서 있었다. 좀 더 성숙해진 나의 모습이 드러나기 시작했다. 조금씩 뭉치고 답답했던 마음이 풀리는 듯한 기분이 들었다. 세상을 바라보는 관점이 머리에서 가슴으로 흘러내리고 있는 것 같았다.

지금 나는 '사람'이라는 큰 주제로 강연과 컨설팅을 하기 위해 준비하고 있다. '감정'에 대한 책을 쓰면서 나를 속 깊게 한 번 더 맑히는 기분이다. 모든 것은 나로부터 시작된다. 자신만의 세상에 갇혀서 힘들어하는 사람들에게 치유와 희망을 주고 싶다. 세상 밖으로 스스로를 드러내서 빛나게 살 수 있도록 영혼의 자유를 누리게 하고 싶다. 물질적인 풍요와 삶의 충만함으로 아름다운 세상을 누리며 살았으면 좋겠다. 우리는 진정, 다 높고 귀한 존재이기 때문이다.

책 쓰기로 100% 만족스러운 삶 살기

김서진 〈한국경매투자협회〉 대표, (주)W 인베스트 대표이사, 부동산 투자그룹 서진 회장, 한서대학교 외래교수 역임

부동산 투자분석 실무전문가이자 공경매 투자가다. 현재 서울과 분당에서 〈한국경매투자협회〉를 운영 중이며, 투자법인 (주)W 인베스트 대표이사로 있다. 공매와 경매를 통한 투자를 시작으로 부동산 임대사업과 기업 강연에 이르기까지 다양하게 활동 중이다. 공경매 투자 경험을 바탕으로 20~30대 젊은 직장인들에게 실전 투자 노하우를 체계적으로 가르치고 있다. 특히 공공기관 특화교육과 국내외 대기업 퇴직자를 대상으로 노후를 위한 부동산 투자운용 컨설팅을 진행 중이다. 네이버 카페 〈한국경매투자협회〉에서 교육 프로그램을 운영하고 있으며, 미래가 불확실한 직장인들에게 구체적인 방향을 제시해 주고 부동산 경매로 단기간에 자동화 시스템을 만드는 노하우를 전수하고 있다. 저서로는 《돈이 없을수록 부동산 경매를 하라》가 있다.

- Email hkuniv@naver.com
- Cafe hkuniv.co.kr
- Blog hkuniv.kr
- C · P 010.6637.2358

직장을 때려치우고 부동산 경매교육을 시작한 지 5년이 지날 무렵, 사업은 내리막길을 걷고 있었다. 무명의 김시진에게 경매를 배우고 싶어 하는 사람은 없었다. 상담을 해 주기 위해 서울 곳곳을 발에 불이 나도록 뛰어다녔다. 하지만 하소연을 하거나 정보만 캐내려는 사람들뿐이었다. 그러나 그 가운데에서도 얻은 것은 있었다. 수없이 많은 수강생들의 투자 성향과 심리를 파악할 수 있게 된 것이다. 경매 투자는 심리 싸움인데 그 부분을 밀도 있게 가르칠 수 있게 된 것이다. 덕분에 지금은 다른 교육기관에서 엄두도 내지 못하는 성과를 거두고 있다.

경매의 '경'자도 모르던 20~30대 직장인이 단 2주 만에 수익률이 높은 경매 물건을 낙찰 받는다. 한 건에 그치지 않고 스스로 두 건, 세 건 척척 낙찰 받을 수 있는 능력까지 갖추게 된다. 마음만 먹으면 잡을 수 있도록 고기 잡는 법을 알려 주기 때문이다.

나는 부족한 인생을 살아왔다. 20대에는 수능을 망친 덕분에 지방 대학에서 열등감을 키웠다. 폐 수술을 두 번씩이나 하는 바람에 건강도 안 좋은 상태였다. 거기다 자존감은 바닥이어서 어떤 일이든 자신감이 없었다. 30대에는 야근을 밥 먹듯 하면서도 수당한 푼 받지 못하며 월급쟁이 생활을 지속했다. 도저히 방법이 보이지 않았다. 아니 방법을 몰랐다. 어떻게 해야 할지를.

이렇게 살면 안 되겠다는 생각에 회사를 그만두고 시작한 것이 바로 부동산 경매교육이었다. 경매 투자로 돈을 번 터라 나의 투자 노하우를 알려 주고 그 대가를 받는 사업은 월급쟁이 생활에 비하면 대단한 것이었다. 하지만 그도 잠시, 해가 갈수록 수강생은 줄어들고 매출 또한 급격히 줄어들었다. 직원을 유지할 수 없는 지경에 이르러서야 회사를 정리하기 시작했다. 그와 동시에 살아남을 수 있는 방법을 강구하기 시작했다. 유일한 대안은 책을 써서 나를 알리는 것뿐이었다.

'성공해서 책을 쓰는 것이 아니라 책을 써야 성공한다'라는 〈한책협〉의 슬로건은 그야말로 충격적이었다. 지금까지 알고 있던 것을 송두리째 뒤집는 말이었다. 김태광 대표 코치의 수업을 듣기 시작했고 곧바로 책을 출간했다. 그의 독보적인 코칭 실력 덕분에 초보 작가임에도 쉽게 원고를 완성할 수 있었다.

책이 시중에 풀리기 시작하면서 2주 만에 베스트셀러에 진입했다. 경매가 어렵게 느껴지는 일반인들을 위해 쉬운 언어로 쓴 것이 초보 직장인들의 공감을 얻은 것이다. 특히 나와 같은 처지에 놓인 젊은 직장인들에게서 많은 연락이 왔다. 책을 잘 읽었다고 감사의 문자를 보내오거나 찾아와서 상담을 요청하는 사람들이 줄을 이었다. 무명 시절에는 아무리 홍보하고 외쳐도 수업을 들으려는 사람이 없었다. 하지만 책을 출간하고 난 후에는 거꾸로 사람들이 나를 찾아오기 시작한 것이다.

수강생의 수만 늘어난 것이 아니다. 당시 국내외 대기업들의 퇴식자를 대상으로 정기교육을 하거나 특강을 하면 두 자릿수의 강의료를 지급받았다. 아무리 멀어도 찾아가서 열심히 강의했다. 아무리 적은 수강료라도 감사히 여기고 자산 컨설팅을 성심껏 했다. 그런데 책이 출간된 후에는 강의료만 세 자릿수가 되었다. 이제는 강의 요청을 받아도 바빠서 거절할 지경에 이르고 있다. 결과적으로 책이 나 대신 전국을 누비며 영업을 하면서 내 시간을 벌어 준 것이다.

한 가지 더 변화된 것은 내가 가르치는 프로그램의 가치가 무명 시절 강의의 수십 배에 이르게 되었다는 것이다. 그러다 보니 매출 또한 비교할 수 없을 만큼 늘었다. 돈이 전부가 아니라고들 한다. 하지만 적어도 돈이 많을수록 생활이 편리해진다는 것은 부인할 수 없는 사실이다. 내 가족이 편안하게 하고 싶은 일을 마음껏 하게 해 줄 수 있다. 그런 경제적인 힘이 생기는 것이다. 책 쓰기 하나로 풍요로운 삶을 누릴 수 있는 것이다.

사업을 시작하기 전, 나는 틈만 나면 돈이 없어도 부동산 투자를 시작할 수 있는 방법을 찾았다. 일반 분양시장을 기웃거리기에는 가진 돈이 너무 없었다. 그러다 '구하면 얻으리라'라는 진리처럼 부동산 경매 투자에서 해답을 찾았다. 돈이 없어서 부동산에 관심조차 갖지 않았다면 지금의 나는 없었을 것이다.

현재 나는 나처럼 월급만으로 살아가는 직장인들을 위해 '부동산 경매 투자 코치'로 활동하고 있다. 네이버 카페 〈한국경매투자협회(이하 한경협)〉를 개설해 왕초보자가 단 몇 주 만에 부동산 주인이 될 수 있도록 가르치고 있다. 〈한경협〉을 만난 후 본인의 명의로 된 부동산을 갖게 된 사람들이 수없이 많다. 월급 받는 직장인에서 월세 받는 직장인이 되어 자산을 불려 가는 사람들이 헤아릴 수 없다. 지금은 그런 사람들이 시세차익도 충분히 볼 수 있는 부동산을 낙찰 받아 경제적인 가속도를 낼 수 있도록 돕고 있다.

부동산 경매 투자를 통해 내가 얻은 노하우를 가르치는 일은 돈이 오가는 일종의 비즈니스다. 내가 가진 전문 지식과 경험 등을 전수하고 그 대가로 돈을 버는 것이다. 하지만 아무리 지식과 경험이 뛰어나다 해도 나를 다른 사람들에게 알리지 않으면 그 비즈니스는 실패한다. 사업은 냉혹한 세계다. 내가 가진 상품이 아무리 가치 있어도 알려지지 않는다면 아무런 소용이 없다.

그래서 책을 쓴 것이다. 책 쓰기를 제대로 배워 내가 알고 있는 경험과 노하우를 글로 잘 표현할 수 있었다. 책을 쓰기 전에는 무명의 강사였으나 책을 쓰고 나서부터는 "작가님!", "선생님!"으로 불리고 있다. 사람들에게 전문가로 당당히 인정받는 것이다.

직장에 다니는 사람들은 지금 내 이름으로 된 책을 펴내 미래를 준비해야 한다. 많은 이들이 자신이 다니고 있는 직장에 회의감을 느끼고 있다. 경제적인 여유도 없을뿐더러 현대판 노예로 살아가기 때문이다. 나는 무명으로 투자와 교육을 시작하다 뒤늦게 책을 썼지만 그래선 안 된다. 먼저 책을 써서 자신을 브랜딩 하고 1인 창업을 준비해야 미래가 보장된다고 조언하고 싶다.

책을 쓰면서 그동안 살아오면서 알지 못했던 자신만의 가치를 찾아낼 수 있다. 무엇보다 그동안 자신이 경험하고 느껴 왔던 것들을 체계적으로 정리할 수 있는 것이다. 우리는 자신이 생각하는 대로 인생을 살아야 한다. 그래야 현재를 누릴 수 있고 후회하지 않는 삶을 살 수 있기 때문이다.

대상을 단지 '돈'으로 보느냐 아니면 '목표'를 이루는 '수단'으로 보느냐에 따라 투자를 대하는 사고와 행동이 달라진다. 투자는 결국 기술이 아닌 사고와 행동의 조합에 따라 승패가 좌우되는 세계임을 책에서 체계적으로 정리했다.

책을 쓰면서 얻게 된 것은 굉장히 많다. 그중 가장 큰 것은 사업의 방향이 또렷해지고 도전할 수 있는 영역 또한 넓어졌다는 것이다. 거기다 책 쓰기는 한계를 부수고 멀리 갈 수 있는 지혜까지 선사해 주었다. 책 쓰기는 퍼스널 브랜딩을 이끄는 가장 강력한 방법이다. 나의 지식과 경험 등을 글을 통해 많은 사람들과 소통할 수 있는 방법이다. 나는 책을 써서 살아가는 힘을 얻었다. 세상에 내 진짜 모습을 드러내어 더욱 과감하게 나를 어필하고 있다. 드러내야 알려지고 알려져야 홍보가 된다. 홍보가 되어야 나의 가치를 어필할 기회를 갖게 되는 것이다.

또한 책은 어려운 시기에 나를 일으켜 세워 주기도 했다. 평생직장이라는 개념이 사라지고 있는 이 시대에 책 쓰기는 필수가 되고 있다. 앞으로 지속적으로 책을 펴내 매일매일 기대되는 사람으로 성장할 것이다. 나의 분신인 '저서'를 통해 영향력을 키워 나가고 저서가 나 대신 일하는 시스템을 더욱 확고히 할 것이다. 인생은 어떤 노력을 하느냐에 따라 백팔십도로 달라진다. 단순히 열심히 한다고 해서 되는 시대가 아니다. 먼저 해야 할 일이 있고 나중에 해야 할 일이 있다.

　나는 책 쓰기로 만족스러운 삶을 살고 있다. 원하는 시간에 원하는 사람들과 함께하는 자유를 누리고 있다. 지금의 삶에 만족하지 못한다면 책을 써야 한다. 책을 써서 자신의 재능을 발견하고 그 재능을 팔아 100% 인생을 살아라. 지금의 상황에서 벗어날 수 있는 유일한 탈출구가 될 것이다.

성공하는 인생 2막 준비하기

안로담 〈한국필라테스코칭협회〉대표, 리셋 필라테스 대표, 리셋 재활 필라테스 마스터 코치, 리셋 재활 필라테스 전문가 양성, 청담리프 필라테스 소속 강사, 클래식 필라테스 해부학 교육 강사, 자기계발 작가

두 번의 디스크 탈출과 수술의 경험으로 올바른 운동과 건강한 몸의 중요성을 깨닫게 되었다. 통증으로 힘들어하는 많은 사람들에게 자신의 몸에 대한 정확한 지식과 올바른 운동법을 알려 주는 필라테스 코치로 활동하고 있다. 19년 운동 지도를 통해 얻은 지식과 경험을 바탕으로 세상에 선한 영향력을 펼치는 메신저로서의 삶을 꿈꾸는 필라테스 코치이자 작가다. 저서로는 《또라이들의 전성시대 3》, 《보물지도 13》, 《책을 쓴 후 내 인생이 달라졌다 2》가 있다.

- Email resetpilates@naver.com
- Cafe cafe.naver.com/freegoson
- Instagram pilates_rodam.an
- Blog blog.naver.com/latingirl00
- C · P 010.2769.9834

2014년 두 번째의 허리 디스크 시술은 내 인생의 큰 전환점이 되었다. 병원 치료에 회의를 느낀 나는 재활 공부를 제대로 해야겠다고 결심했다. 15년 전의 허리 디스크 수술 후 제대로 된 재활을 하지 못한 실수를 반복하지 않기 위해서였다. 들었던 교육 중 스펙이 상당히 화려한 강사가 하는 교육이 있었다. 체육학과 박사, 물리치료학과를 졸업하고 경영대학원에서 박사과정을 밟고 계신 분이었다.

체육학 박사학위를 딴 그는 재활 공부를 위해 물리치료학과에

편입했다고 했다. 그리고 퍼스널 트레이닝 센터를 운영하고 있었다. 그러다 보니 경영 공부의 필요성을 느끼고 경영대학원에 들어갔다고 했다. 최종적으로는 사람을 공부하는 심리학 대학원을 가는 것이 목표라고 했다. 그 교육 강사와 내 나이는 불과 한 살 차이. '운동을 가르치는 비슷한 연배의 그와 내가 왜 이렇게 격차가 나는 것일까?' 이런 생각에 잠겨 있을 때 떠오르는 드라마가 있었다. 바로 윤태호 작가의 웹툰을 소재로 한 〈미생〉이었다.

일곱 살부터 바둑을 두기 시작하며 프로 바둑기사를 꿈꾸었던 주인공 장그래. 그는 바둑에 모든 것을 바치느라 고졸 학력이다. 그에 반해 장백기는 명석하고 뛰어난 스펙의 소유자다. 물과 기름처럼 좀처럼 섞이지 않던 그들에게 미션이 주어지게 된다. 오 차장은 장그래와 장백기에게 10만 원을 주며 뭐든 팔아서 이득을 내라고 제안한다. 여러 실패 끝에 장그래의 혜안으로 그들은 해법을 찾게 된다. 이득을 낸 그들은 엘리베이터 앞에서 마주하게 된다. 그때 어색한 침묵을 깬 장백기의 대사

"장그래 씨, 나는 아직도 장그래 씨의 시간과 나의 시간이 같다고 생각하지 않습니다. 그래도 내일 봅시다."

교육을 하는 그 강사와 교육을 듣는 내가 보낸 시간은 분명 달랐던 것이다. 그는 목표를 명확하게 정하고 차근차근 실행한 반면,

나는 내 인생의 큰 그림을 그리지 못했다. 인생의 설계도가 없으니 길을 잃고 헤맬 수밖에.

'나는 왜 이 모양일까?'
'어떻게 하면 나도 성공한 삶을 살 수 있을까?'
'내 인생 2막을 어떻게 준비해야 할까?'

재활 공부를 하게 된 계기는 내 몸을 회복하는 방법을 알기 위해서였다. 정말 미친 듯이 교육을 들으러 다녔다. 하지만 병리학적인 이론과 필라테스를 접목해서 가르치는 교육은 없었다. 나는 재활 이론과 필라테스 실기를 현장에서 적용하며 나만의 임상을 만들어 나갔다. 통증으로 얼룩진 나의 몸이 조금씩 회복되어 갔다. 클라이언트들의 통증도 줄어들고 기능이 점점 좋아졌다. 현장에서 결과가 나오니 수익도 늘어났다.

소속되어 일하고 있던 스튜디오에서 기초 해부학 강의를 제안받게 되었다. 필라테스 교육에 입문하기 전 듣는 코스였다. 해부학 교육의 반응이 너무 좋자 대표님이 재활 필라테스 전문가 과정을 강의해 보라고 제안해 왔다. 하지만 처음에는 준비가 완벽하게 되지 않았다는 이유로 거절했다.

사람은 살면서 자신의 운명을 바꾸거나 삶을 한 단계 끌어올릴 수 있는 몇 번의 기회를 만난다고 한다. 성공하는 사람든은 그 기회를 잡아 인생을 변화시킨다. 작은 불씨가 횃불이 되려면 일단 불을 지펴야 한다. 나는 몇 달 뒤 필라테스 교육의 불씨가 되어 줄 '리셋 재활 필라테스 전문가 과정'을 진행하게 되었다. 많은 필라테스 강사들에게 내가 겪은 시행착오를 겪지 않고 현장에서 결과를 내는 임상 노하우를 알려 주고 싶었다. 그리고 인생 2막을 준비하는 시발점이 되길 바랐다.

재활 필라테스 교육 1기, 2기 때는 많은 강사분들이 참여했다. 주로 추천을 받거나 나를 아는 주변의 지인 강사들이었다. 그러다 3기 때는 7명이 모집되었고 2명은 다음 기수로 연기하는 바람에 5명을 데리고 5주, 35시간 교육을 하게 되었다. 나는 자존심이 상했고 좌절했다. '4년을 주말 없이 공부하고 이 커리큘럼을 만들었는데, 도대체 이 좋은 교육을 왜 안 듣는 거지?'

가만히 원인을 분석한 결과, 이유가 있었다. 사람들이 나를 모른다는 것이었다. 나에 대한 정보가 없는데 무얼 믿고 내 교육을 듣겠는가?

원인을 알았으니 해결책을 찾아야 했다. 나의 가치를 알릴 수 있는 방법은 무엇일까? 바로 책을 쓰는 것이었다. 책이 가장 강력한 무기라는 것은 익히 알고 있었다. 책을 써서 성공한 강사들을 많이 봐 왔기 때문이다. 그런데 그 당시에는 남의 일로만 여겼다. 내가 책을 써야겠다는 생각은 하지 못했다. 아는 만큼 보이고 절실

한 만큼 행동하게 되는 것일까? 몇 년 전부터 마음속으로만 생각해 오던 책 쓰기에 도전하기로 결심했다.

책을 쓰려면 책 쓰는 방법을 알아야 한다. 가장 빠른 길은 책 쓰는 법을 가르치는 최고의 전문가에게 배우는 것이다. 그래서 택한 곳이 우리나라 최고의 책 쓰기 코칭협회인 〈한책협〉이었다. 이곳은 200여 권의 저서가 있는 김태광 대표 코치가 코칭하는 곳이었다.

작가는 작가의 자질을 갖고 태어나는 것이 아니라 만들어짐을 여기 와서 새삼 느끼게 되었다. 필라테스 강사를 체육, 무용 전공자가 아니어도 할 수 있는 것처럼 말이다. 책을 쓰는 대부분의 이유는 개인 브랜딩을 하기 위함이다. 책 쓰기를 배우는 과정에서 개인 브랜딩을 위해 필요한 것들도 알게 되었다. 책이 나오기 전에 나를 알릴 수 있는 창구를 만들어 놓아야 한다는 것. 바로 블로그, 인스타그램, 네이버 카페다.

내 블로그는 4년 동안 잠들어 있었고 카페는 정보를 알려 주는 정도였다. 인스타그램은 시간 많은 사람들이 하는 것으로 알고 있었다. 그렇게 글 쓰는 것을 힘들어했던 내가 변하기 시작했다. 차별화되고 전문성 있는 블로그를 만들기 위해 포스팅에 심혈을 기울였다. 인스타그램 계정도 못 만들었던 내가 전문성 있는 사진과 글을 올리기 시작했다. 카페 활성화를 위해 몇 백 개의 글을 써 내려

갔다.

개인저서를 준비하는 과정에서 공저 《또라이들의 전성시대 3》, 《보물지도 13》, 《책을 쓴 후 내 인생이 달라졌다 2》를 출간하게 되었다. 공저에는 나의 꿈과 진심, 그리고 간절함이 담겨 있다. 불과 7개월이라는 기간 동안 3권의 저서를 가진 작가가 되었다. 지금 쓰고 있는 《내 인생을 바꾼 책 쓰기의 힘》과 개인저서까지 합하면 올해 5권을 출간하는 셈이다.

사람들의 반응이 오기 시작했다. '선생님의 열정과 신념에 반했어요. 교육을 듣고 싶습니다', '필라테스 강사가 진행하는 재활 필라테스 교육을 듣고 싶었어요', '선생님께 허리 디스크 재활을 받고 싶습니다', '필라테스에 대해 제대로 배우고 싶습니다', '저도 선생님처럼 성장하고 싶습니다.' 나의 진정성 있는 스토리가 사람들의 마음을 움직인 것이다.

재활 필라테스 교육 인원 5명이라는 불명예를 불식시키듯 4기, 5기에는 대기 인원이 발생했다. 6기 모집도 교육 시작 한 달 보름 전에 마감되었다. 나는 항상 생각해 왔다. 나의 가치가 오를수록 교육비는 오를 것이며 내 교육을 듣기 위해 대기 인원이 발생할 것이라고. 현재 교육비는 처음보다 2배 오른 상태다. 나의 가치가 오를수록 교육비도 상승곡선을 탈 것이다.

바쁘기만 하고 수익성이 낮은 사이클에서 벗어나기 위해서는 객단가(고객 1인당 평균 매입액)를 올려야 한다. 구매 가치가 있다고 생각되면 고객의 80%는 비싸도 구매한다고 한다. 그렇게 되기 위해선 자신의 실력과 가치를 올려야 한다. 이러한 선순환 구조를 만드는 것. 그것이 나의 목표 중 하나다.

구일절이라는 신용어가 생길 정도로 2018년 아시안게임 축구 결승전은 전 세계의 관심사였다. 바로 세계적 구단인 토트넘의 손흥민 선수의 군 입대 문제가 걸려 있었기 때문이다. 세계적 선수들에게는 헌신하는 가족이 있게 마련이다. 김연아 선수의 어머니가 딸을 위해 자신을 희생한 것처럼 손흥민 선수에게는 아버지 손웅정 씨가 있었다.

손웅정 씨는 손흥민 선수에게 6년간 볼 리프팅만 시켰다고 한다. 볼 리프팅은 다리, 머리, 무릎, 가슴 등 온몸을 사용해 볼을 떨어뜨리지 않고 튕기는 기술을 말한다. 축구선수의 기본은 볼을 잘 다루는 것이라 생각한 것이다.

그는 대나무 철학을 가지고 있다. 대나무가 싹을 틔우기 위해서는 5년이라는 시간이 걸린다. 그 긴 시간 동안 대나무의 땅속뿌리는 쉼 없는 노력으로 자신이 뻗을 수 있는 만큼 넓게 뿌리를 내린다. 이렇게 뿌리가 튼튼해진 대나무는 싹을 틔우자마자 하루에 70센티미터씩 자란다고 한다.

한 분야의 전문가가 되기 위해선 이처럼 인고의 시간을 견뎌야 한다. 하늘에서 툭 떨어진 성공이란 없다. 탄탄한 기본 없이는 절대 성공할 수 없다. 땅속 깊게 박힌 뿌리로 비바람에도 흔들리지 않고 항상 푸르름을 잃지 않는 대나무처럼 말이다.

책 쓰기는 내 인생의 터닝 포인트가 되었다. 구태의연한 낡은 습관들을 걷어 내고 나를 행동하게 만들었다. 불안한 미래가 설레는 희망으로 바뀌었다. 하나씩 이루어 내는 과정 속에 성취감을 맛보았다. 화려한 스펙 하나 없는 나도 성공할 수 있다는 자신감이 생겼다. 인생의 큰 지도를 다시 그리게 되었다. 주사위는 던져졌다. 성공하는 인생 2막을 위해선 지금과는 다른 무언가를 준비해야 한다. 책 쓰기는 그 시발점이 될 것이다.

15

책 쓰기로 인생을 통째로 바꾸기

설미리 〈카드뉴스마케팅코칭협회〉 대표, 카드뉴스 마케팅 전문가, 콘텐츠기획 전문가, 카드뉴스제작 컨설턴트, 동기부여 강연가, 자기계발 작가

네이버 카페 〈카드뉴스마케팅코칭협회〉를 운영하면서 한 번 배우면 평생 써먹는 돈 버는 기술 '카드뉴스 마케팅'에 대한 정보를 알려 주고 있다. 또한 카드뉴스로 나만의 콘텐츠를 제작하는 방법을 고스란히 알려 주는 '카드뉴스 제작 전문가'로 활발히 활동하고 있다. 저서로는 《카드뉴스마케팅의 모든 것》, 《버킷리스트 16》, 《책을 쓴 후 내 인생이 달라졌다 2》등이 있다.

- Email miri131@naver.com
- Cafe cafe.naver.com/jjangrp
- Instagram sseolluv
- Blog blog.naver.com/seolmiri131
- C·P 010.6660.2080
- Facebook miri.seol.7

나는 책 쓰기로 인생을 통째로 바꾼 여자다. 나는 내 평생 책을 써야겠다는 생각은 하지 못했다. 그저 시간이 흐르는 대로 살아지는 대로 살았다. 이루고 싶은 꿈도 없었다. 내 삶이 무미건조하다고 느껴졌던 때가 있었다. 나는 아무런 준비 없이 회사를 그만두었고 경력단절 여성이 되었다. 명확한 꿈도 방향도 없던 그 당시에도 나는 무엇인가 해야겠다는 강박증에 시달렸다. 막연히 책을 써야겠다는 생각을 하게 되었다. 그렇게 나는 〈한책협〉의 김태광 대표 코치를 만났다.

〈1일 특강〉이 준비되어 있었고 나는 나들이 가는 기분으로 참석했다. 나는 1교시 특강이 끝나자마자 〈책 쓰기 과정〉에 등록했다. 왜냐하면 나의 꿈이 이곳 〈한책협〉에서 이루어질 것만 같았기 때문이다. 그리고 지금 나는 과거와는 백팔십도로 다른 인생을 살고 있다. 〈한책협〉의 ABC엔터테인먼트 소속 작가가 되어 직장에 다닐 때는 상상하지 못했던 매출을 달성했다. 매출뿐인가. 나의 책이 나온다는 소식에 온 가족이 나를 자랑스러워하고 책이 나오기만을 기다렸다.

나는 김태광 대표 코치 덕분에 대한민국 최고의 '카드뉴스 마케팅' 코치가 되었다. 카드뉴스라는 분야의 수요와 대세를 파악한 김태광 대표 코치는 내게 책 주제를 정해 주었고 목차까지 완성시켜 주었다. 나는 벌써 개인저서 2권을 집필하고 있을 만큼 책 쓰기에 열정을 쏟아 내고 있다. 나는 현재 〈카드뉴스마케팅코칭협회〉를 운영하고 있다. 김태광 대표 코치 덕분에 책이 나오기도 전부터 내가 운영하는 카드뉴스 교육과정을 듣고자 하는 사람들이 늘어나고 있다. 사람들이 매일같이 문의를 해 온다.

내게 카드뉴스 교육과정을 듣는 누구라도 반드시 성과를 내게 할 자신이 있다. 나는 나와 함께하는 이들에게 당장 카드뉴스 한 장을 만들 수 있는 능력과 그것을 활용할 수 있는 노하우를 아낌없이 전수해 주고 있다. 그들도 나의 열정에 감탄하며 감사 표현을 잊지 않는다. 사람은 언제나 일을 좋아하며 해야 한다. 하지만 과거의 나는 그렇지 않았다. 완벽하게 일을 처리하려 했고 조금이라도 아쉬움이 남으면 가차 없이 나를 몰아붙였다.

나는 나를 스스로 인정하지 않았다. 그러한 시간들 속에서 스스로 아팠던 것은 내가 그렇게 만든 결과였다. 이것을 알고 김태광 대표 코치는 항상 내게 "잘하고 있다. 기특하게."라며 실시간으로 조언해 주고 있다. 나의 친정 부모님도 이렇게 나를 칭찬해 주진 않았다. 그저 "그것밖에 못했냐. 더 잘했어야지."라고 꾸짖을 뿐이었다. 나는 책을 쓰기로 마음먹은 순간부터 매일 행복한 날을 보내고 있다. 앞으로도 행복한 날은 멈추지 않을 것이다.

나는 명품을 좋아하지 않는다. 화려한 것은 특히 좋아하지 않는다. 그런데 이 생각마저 바꿔 준 김태광 대표 코치에게 감사를 표한다. 김태광 대표 코치는 SNS 채널을 열심히 운영하고 있다. '김도사'라는 타이틀로 인스타그램과 유튜브 채널 '김도사 TV'를 운영하고 있다. 김태광 대표 코치의 인스타그램을 보면 여유가 느껴진다. 자유롭고 멋지게 사는 삶이 마냥 부럽기만 할 때도 있다. 몇 장의 사진을 보다 보니 '#구찌맨'이라는 해시태그가 눈에 들어왔다.

사람들은 이 해시태그에 관심을 많이 가지고 있었다. 명품이라고 하면 허영이라 생각하는 사람들이 있을 수 있을 것이다. 반면에 명품을 보며 자신도 명품을 걸치는 삶을 살고 싶다고 생각하는 사람도 있다. 나는 이 사진들과 해시태그를 보며 명품을 걸치는 이유를 깨달았다. 그저 보이는 것만이 아니라 명품 가방, 신발, 옷을 입는 것만으로도 내가 명품이 되기 때문이다. 내가 명품이 된다고 생각하니 왠지 무겁던 마음이 가벼워졌다. 그 많던 고민도 큰 고민이 아닌 게 되었다.

최근에 한 예능프로그램을 봤다. 여자 아이돌 그룹 출신이 굉장히 화려한 귀걸이와 옷을 입고 나왔다. 나는 그 화려한 귀걸이에 전혀 거부감이 들지 않았다. 그 화려한 모습마저 나의 모습이길 상상하게 되었다. 그리고 그런 내 모습 역시 거부감이 들지 않을 만큼 편안했다. 내 생각이 바뀌니 명품과 화려함은 나를 드러내는 변화의 시작이 된 것이다.

나는 광고대행사에서 퇴사 직전까지 근무했다. 광고대행사에서 근무하면서 가장 크게 다룬 업무는 '유튜브' 콘텐츠였다. 유튜브 콘텐츠 기획, 제작, 섭외, 편집, 관리, 노출, 광고, 소통 등 모든 것을 혼자 해결해 나갔다. 그러면서 수많은 영상을 봤다. 그때 직접 제작하는 이들의 노하우도 듣고 나 역시 기획하며 느낀 것이 있다. 바로 '진정성 있는 소통'이다.

영상은 특히 다른 콘텐츠에 비해 한 번 노출하기까지 꽤 많은 작업과 시간을 요한다. 그 과정에서 자신이 무엇을 말하고자 하는지 목적이 불분명한 영상을 노출할 확률이 높다. 그렇지만 나의 유튜브 영상 콘텐츠를 보는 이들과 어떻게 소통할 수 있는지 생각하면 노출하기가 쉽다. 소통을 먼저 생각하고 기획하는 것은 매우 중요한 일이다. 왜냐하면 이것은 영상이 노출된 후 사람들의 반응을 예측하는 것과 같은 것이기 때문이다. 사람들이 어떠한 이야기를 할 것인지 먼저 염두에 두고 유튜브를 시작한다면 큰 어려움 없이 한 편의 영상을 노출할 수 있다.

나는 유명 유튜버 A, B, C를 동시에 섭외했다. A는 가전을 주로 다루는 주부 리뷰어였고, B도 IT/가전을 리뷰했다. C는 아이와 함께 장난감 등을 주로 리뷰했다. 여기서 가장 견적이 비싼 사람은 A였다. A는 단가는 높았지만 광고주도 만족할 만큼의 퀄리티를 뽑아 냈다. C도 마찬가지로 반응이 좋았다. 그러나 B의 경우 단가가 다른 이들보다 저렴했다. B도 잘할 수 있다는 의지를 보였기 때문에 함께 일하기로 했지만 결과는 좋지 않았다. 비용만 지불하고 유튜브에 영상을 올리지도 못했다. 그만큼 퀄리티가 최악이었다. 똑같은 기획서를 주고 디렉팅을 했는데 B만 최악의 결과로 나타났다.

급한 일정을 마치고 B의 채널을 면밀히 살펴보았다. 사전에 체크했지만, 사람은 겪어 봐야 아는 것일까. A, C는 내가 수정 요청한 사항을 빠르게 인지하고 빠르게 적용해 결과를 보내왔다. 반면에 B는 문자와 전화를 하고 메일까지 보내 두고 몇 번을 독촉해야 수정해 주었다. 광고주도 B의 퀄리티를 보고 무어라 피드백을 줄 수도 없는 수준이라고 했다. 어떡해서든 B와 함께 일을 잘 마무리해 보려 했으나 B는 그렇지 않았다. 굉장히 부정적인 데다 날카롭게 대응했다. 나는

B를 보며 다시 한 번 느꼈다. 유튜브 콘텐츠는 노출만을 목적으로 삼을 것이 아니라 사람과 사람 사이의 소통을 염두에 두어야 한다는 것을 말이다.

미루어 볼 때 김태광 대표 코치가 운영하는 인스타그램에서 느낀 그대로 '김도사 TV' 채널 역시 굉장한 파급력이 있을 것이다. 왜냐하면 유튜브 콘텐츠의 인기와 그 수요가 날로 늘어 가고 있기 때문이다. 초등학생도 쉽게 접하는 것이 유튜브 채널이다. 그러나 이를 꾸준히 즐기면서 자신의 사고를 긍정적으로 드러내는 이들은 거의 없다. 유튜브를 단순한 재미로, 그저 돈벌이로만 보는 이들은 사람들을 나의 팬으로 만들기 매우 어렵다.

나는 책 쓰기로 인생을 통째로 바꾼 여자다. 책을 썼을 뿐인데 경력단절 여성에서 작가, 강연가, 1인 기업가가 되었다. 과거의 나를 돌아봤을 때 지금의 나는 상상조차 하기 힘든 모습이다. 나는 〈한책협〉의 ABC엔터테인먼트의 소속 작가다. 소속사가 있는 연예인은 들어 봤어도 소속사가 있는 작가는 처음 들어 봤을 것이다. 나는 모든 면에서 엄청난 혜택을 받고 있다. 책을 1권 쓴 사람도 대단해 보일 것인데 나는 벌써 두 번째 개인저서를 집필 중이다. 김태광 대표 코치의 도움으로 엄청난 책 제목과 목차가 완성되었다. 두 번째 개인저서도 빠르게 완성되어 나를 성공자로 우뚝 세워 줄 것이다.

나는 오늘도 행복하다. 내 인생에서 나를 성공자로 만들어 줄

스승을 만나 함께 일하고 있기 때문이다. 어느 누구도 내게 인생의 방향과 비전을 제시해 주지 않았다. 나를 지금의 위치로 이끌어 준 〈한책협〉의 김태광 대표 코치만이 유일하다.

사람에게는 누구나 하고 싶은 것이 있게 마련이다. 나는 그것마저 없었지만 지금은 누구보다 큰 꿈을 가지고 이루기 위해 열심히 노력하고 있다. 경력단절 여성이 월 1,000만 원 이상의 매출을 달성할 수 있었던 비결. 온 가족이 풍족해지고, 내가 주인공인 삶을 살아가는 인생. 나는 책을 쓰지 않았다면 있을 수 없는 일이라 생각한다. 이것이 당신도 책을 써야 하는 이유다.

16

나의 책으로 누군가의 삶에
선한 영향력 미치기

최용석 민제 한의원 원장, 한의학 박사, 〈한국다이어트코칭협회〉 대표, 다이어트 상담 코치, 다이어트 코치 멘토, 자기계발 작가, 동기부여가

한의학 박사이면서 현재 민제 한의원 원장이다. 작가이자 동기부여가이면서 다이어트 코치로서 많은 사람들의 아름다움과 건강을 찾아 주는 전도사로 활동 중이다. 다이어트 코치들의 멘토로도 활동하고 있다. 또한 포라이프 러서치 코리아에서 전문 의료인 특강을 통해 올바른 다이어트와 면역과 건강이라는 주제로 강의하고 있다. 저서로는 《버킷리스트 17》이 있다.

· Email courtphy@naver.com
· C·P 010.5529.7069
· Facebook courtphy

· Blog blog.naver.com/courtphy
· Instagram dongamchim

"당신의 마음은 당신이 정말 무엇이 되고 싶은지 알고 있습니다. 여러분의 시간은 제한되어 있습니다. 다른 사람의 생각을 따라 사는 데 당신의 인생을 낭비하지 마십시오."

2005년 스탠퍼드 대학 졸업식 연설에서 스티브 잡스가 한 말이다. 나는 스티브 잡스의 스탠퍼드 대학 졸업식 연설을 유튜브를 통해 자주 보는 편이다. 예전에는 스티브 잡스의 연설이 마음에 잘 와 닿지 않았다. 나하고는 별 상관없는 이야기인 줄 알았다. 하지만 요즘에는 그의 한마디 한마디가 살아서 마음에 팍팍 꽂힌다. 불혹의 후반인 나에게 스티브 잡스가 옆에서 조언해 주고 있는 것 같다. 삶은 이렇게 살아야 하는 거라고.

보통 내가 선택해서 삶을 살기보다 다른 사람의 생각을 따라 사는 경우가 참 많다. 우리는 살아가면서 때로 선택과 집중해야 할 시기를 만난다. 나에게 운명적으로 다가온 책 쓰기가 나의 미래를 어떻게 바꿀지 궁금하고 기대된다.

나는 책을 쓴다는 것은 나하고는 전혀 먼 달나라 이야기인 줄 알고 살았다. 평소 나는 많은 책을 읽지는 못하지만 책 읽기를 좋아하는 편이다. 책을 읽으면 몰입할 수 있고 새로운 아이디어도 얻게 된다. 되고 싶고 하고 싶은 것이 있을 때마다 책을 읽는 것도 또 다른 이유였다. 내가 좋아하는 책들은 대부분 중국 고전이거나 자기계발서였다.

내가 한의내에 입학하고 한의학 공부를 왜 해야 하는지 필요성을 느끼게 된 것도 책의 힘이었다. 그 당시 읽었던 이은성 작가의 《소설 동의보감》은 내가 한의학 공부를 왜 해야 하는지 알게 해 줬다. 지금도 그때 읽었던 책 구절을 생각하면 가슴이 뛴다. 유의태가 자신의 아들인 도지에게 하는 말이 꼭 나에게 하는 말로 들렸다.

"목수가 자신의 실수를 알면 설령 새 집이라도 헐고 대들보를 갈아 끼워 다시 지을 수가 있다. 허나 인명을 다루는 의원에게는 작은 실수도 용납이 아니 돼. 죽은 후에는 임금의 권력으로도 되살려 내지 못하는 것이 사람의 목숨인즉슨."

지금도 이 내용을 볼 때마다 내가 하는 일이 얼마나 소중하고 값진 일인지 느낄 수 있다.

한의대에 입학하고 1학년은 아무런 생각 없이 갈피를 못 잡고 있던 시기였다. 그럴 때 여름방학에 읽기 시작한 《소설 동의보감》은 내 삶의 방향을 이끌어 준 나침반이었다. 책 한 권의 힘이 지금의 나를 있게 했다. 또한 책의 위대함도 느꼈다. 이은성이라는 작가에게 새삼 존경심마저 들었다. 다른 사람이 쓴 책을 읽던 독자인 내가 책을 쓴다는 것은 감히 생각하지 못했던 일이었다. 책을 쓰는 분들은 그 분야에 탁월한 재능이 있는 분들이고 유명해져야만 책을 쓰는 것으로 알고 있었다.

내가 처음 책 쓰기에 관심을 갖게 된 것은 3년 전쯤이었다. 나는 한의원 진료도 하지만 건강에 도움이 되는, 건강식품을 알리는 일을 사명감을 가지고 하고 있다. 면역을 똑똑하게 하고 면역의 정보를 전달하는 물질로 된, 사람의 건강에 꼭 필요한 핵심 제품이기 때문이다. 아토피로 고생하고 있던 우리 집 셋째 서윤이의 피부를 말랑말랑한 피부로 바꾸어 준 식품이었다. 또한 아내가 살을 빼고 건강해지면서 사업적으로 더 많이 알리게 되었다. 그러면서 다른 사람들의 성공을 도와주는 멘토 역할도 함께 하게 되었다.

그러던 중 전문 의료인으로서 강사가 되어 줄 것을 회사로부터 요청받았다. 그리고 성형외과 전문의, 가정의학 전문의 그리고 한의사들로 구성된 전문 의료인 강사 팀이 꾸려지게 되었다. 전문 의료인들을 강사로 교육하신 분이 〈됨 연구소〉 대표이자 대학민국 명강사 출신이신 김규순 소장이었다. 강사 훈련 과정에서 들은 김규순 소장의 말씀이 귓가에 생생하게 남아 있다.

"여러분은 전문가이기 때문에 책을 내면 파급효과와 영향력이 어마어마합니다. 기회가 되면 꼭 책을 쓰시기 바랍니다. 돌이켜 보면 제가 모든 것은 다 이뤘지만 제 책이 없다는 것이 가장 아쉽습니다."

그때부터 내 마음속에 '책을 써야겠다'라는 생각의 씨앗이 뿌려졌다. 하지만 어떻게 써야 할지 막막했다. 그때 함께 강사 훈련을 받으시던 원장님들 중 두 분이 책을 쓰시고 출간했다. 그것을 보며 '책을 쓰는 게 가능하구나!'라는 용기를 얻었다. 그러나 책이 출간되었지만 책의 파급효과를 사업적으로 크게 못 보는 것이 내심 아쉬웠다. 책을 출간하더라도 책만 써서 되는 게 아니라는 사실도 그때 깨달았다. 그 뒤로 책 쓰기는 가슴속에 묻힌 채 세월이 흘러갔다.

그 당시 나의 비즈니스 성장에서 가장 취약한 부분이 SNS 마케팅이었다. 필요성은 알았지만 어디서부터 어떻게 해야 할지 막막하던 시점이었다. 그때 우연히 마케팅과 관련해 인터넷을 검색하다가 신상희 대표와 인연이 닿았다. 그녀는 《SNS 마케팅이면 충분하다》라는 책의 저자이면서 자신의 마케팅 경험을 바탕으로 〈한국SNS마케팅협회(이하 한마협)〉를 세우고 대표로 왕성하게 활동 중이었다. 그때의 인연으로 신상희 대표의 SNS 마케팅 수업을 하나도 빼놓지 않고 듣게 되었다.

SNS에 대해 전혀 아는 게 없었던 만큼 나는 걸음마부터 배웠다. 신상희 대표는 30대 초반의 나이임에도 〈한마협〉을 통해 경력단절 여성과 워킹맘들에게 그녀의 마케팅 경험들과 노하우를 알려주고 있었다. 그런 신상희 대표가 나에게 추천한 곳이 〈한책협〉이다. 신상희 대표에게 감사한 마음은 두고두고 잊을 수가 없다.

〈한책협〉을 통해서 김태광 대표 코치를 만난 깃은 내 싫의 또다른 이정표였다. 대표 코치님은 가장 힘들고 불우한 시기에 오로지 책을 써서 성공하겠다는 마음 하나로 고난과 어려움을 이겨 낸 분이다. 그리고 책을 써서 성공할 수 있다는 것을 스스로 증명해 보였다. 또한 많은 사람에게 책을 써서 성공하는 방법들을 전파하고 있다.

나는 〈책 쓰기 과정〉에 등록해 많은 것을 배웠다. 처음에는 어떻게 글을 써야 할지 막막했다. 글을 써 본 적도 없고 어떻게 써야 하는지 개념조차 없었다. 일기도 초등학교 이후로는 전혀 써 보지 않았다. 마음속에는 '지금 하는 일도 많은데 과연 시간을 낼 수는 있을지?'라는 의심스런 생각들이 많았다. 그러나 부모님에게 물려받은 유전인자 중 최고의 유전자인 도전정신이 나에게 있었다. 이번에 못 하면 책 쓰기는 영원히 할 수 없다는 각오로 임했다. 언젠가는 해야 할 일이라면 지금 하자고 결심했다.

나는 운이 좋은 사람이다. 한국 최고의 책 쓰기 코치를 만났기 때문이다. 김태광 대표 코치가 아니었으면 지금도 마음속으로만 책을 썼을지도 모를 일이다. 콘텐츠부터 제목, 장제목 그리고 꼭지까지 일일이 챙겨 주시는 김태광 대표 코치의 열의에 끌려들었다는 표현이 맞을 것 같다.

하루하루 힘든 날도 많았다. 진료하면서 책을 쓴다는 게 예삿일은 아니었다. 하지만 나는 나를 믿었다. 하루에 한 꼭지만은 꼭 완성하자고 결심했다. 잠은 부족했지만 한 꼭지씩 완성해 나갈 때마다 희열감을 맛보았다. 다 쓴 꼭지는 제목에 빨간 줄을 쳐 가며 나와의 싸움을 거듭했다. 주로 새벽시간에 글을 썼다. 새벽시간은 최고의 글쓰기 시간이었다.

책을 쓰면서 나는 나를 다시 발견했다. 중요하지 않다고 생각했던 삶의 한 부분이 더욱 가치 있고 감사해야 할 부분임을 깨닫게 되었다. 내가 잘 알고 있다고 생각하던 부분들을 다시 정리해야 했다. 내가 전하고 싶은 내용을 충분히 표현하기에는 역부족인 부분도 많았다. 때로는 글 한 줄이 안 되어 2시간, 3시간을 그냥 흘려보낸 적도 있었다. '창작의 고통이 이런 거구나!'라고 새삼 느꼈다. 하지만 책 쓰기는 평범한 나를 세상에 알리는 최고의 방법이다. 책을 통해서 더 많은 사람들과 생각을 공유하고 함께한다는 것은 정말 신나는 일이다.

책 쓰기는 삶을 변화시키는 힘을 가지고 있다. 소소한 나의 경험들과 지혜가 많은 사람들에게 영향을 준다. 책 쓰기는 나를 돌아보게 하고 미래를 어떻게 설계할지 가르쳐 준다. 책 쓰기는 나를 계발하는 최고의 방법이다. 책을 쓰면 독자의 위치에서 저자의 위치로 자리가 바뀐다. 내가 《소설 동의보감》을 통해 삶의 가치관을 정립했듯이 책 쓰기는 나의 책으로 누군가의 삶에 선한 영향력을 미치는 가치 있는 일이다. 책 쓰기에 두려움을 느끼고 있는 사람이리면 미국의 소설가 마크 트웨인의 의미심장한 말을 음미해 보기 바란다.

"앞으로 20년 후에 당신은 저지른 일보다는 저지르지 않은 일에 더 실망하게 될 것이다. 그러니 밧줄을 풀고 안전한 항구를 벗어나 항해를 떠나라. 돛에 무역풍을 가득 담고 탐험하고 꿈꾸며, 발견하라."

내
인
생
을

바
꾼

책
쓰
기
의

힘

17 - 24

최정훈 이아롱 이성남 안선혜

김은화 김은숙 강남성 신상희

많은 사람들의 인생역전에 도움 주기

최정훈 창업 마케팅 전문가, 1인 지식 창업 코치, 블로그, 카페 마케팅 강사, 작가

다양한 창업 실패 경험에서 얻은 깨달음으로 1인 지식 창업에 도전해 성공했다. 자신의 경험을 활용해 마케팅 비법을 전수하는 〈소셜창업연구소〉를 설립하고 대표로 활동하고 있다. 네이버 카페와 블로그를 활용해 돈 없이 지식과 경험으로 창업하는 방법을 강의하고 있다. 100여 명의 1인 지식 창업가를 도와 성공시켰다. 저서로는 《1인 지식 창업의 정석》, 《보물지도 6》, 《미래일기》 외 10권이 있다.

• Email machwa@naver.com
• C·P 010.7774.4476
• Cafe cafe.naver.com/goodjab

나는 어린 시절부터 주목받는 삶을 살고 싶었다. 주목받는 삶을 살기 위해 인생의 중요한 선택을 해야 하는 순간마다 다른 사람들과 다른 선택을 했다. 그 결과 다른 사람들과는 조금 다른 인생을 살았다.

남들이 한창 학업에 매진하는 학창 시절 나는 공부보다 아르바이트를 선택했다. 수능시험에서 운이 좋아 좋은 성적을 받았다. 그랬음에도 불구하고 대학입시에 실패했다. 그 후 다른 친구들처럼 재수를 선택하지 않고 전문대에 입학했다. 전문대학에 가서도 공부보다 학생회 활동에 매진했고 군 입대보다 졸업을 선택했다. 졸업 이후에도 직장생활이 아닌 창업으로 사회생활을 시작했다. 사람들과 다른 선택을 하면 주목받는 인생을 살 것이라 생각했기 때문이다. 하지만 현실은 내 생각과 너무 달라 매번 실패를 경험했다.

대학 졸업 후 약 10년의 사회생활에서도 남들과 다른 선택은 매번 실패했다. 사업으로 성공하기 위해 스물세 살부터 도전했던 창업에 연달아 실패한 것이다. 무모하게 이것저것 창업해 실패를 반복하며 20대를 흘려보냈다. 스물아홉 살에 결혼해 아이를 둘 낳았다. 맞벌이하는 딸과 사위를 위해 살림과 육아를 도와주시는 장모님까지 다섯 식구의 가장이 되었다.

결혼하기 전 혼자였을 때와 결혼한 후는 달랐다. 결혼하기 전에는 혼자 감당하면 되었다. 하지만 결혼을 하고 나니 내 선택의 결과로 가족들이 고통 받았다. 가족들을 위해 사업의 꿈을 접고 그동안 생각조차 하지 않았던 직장생활을 시작하게 되었다. 좋지 않은 스펙으로 직장생활을 하는 동안 조금이라도 월급을 올려 보겠다고 회사를 옮겨 다녔다. 그렇게 5년의 시간을 보냈다. 그 기간 동안 회사에서 나오는 적은 월급으로 가족들의 생활비를 감당할 수 있었다. 그러나 사업 실패로 생긴 빚은 시간이 지나도 좀처럼 줄어들지 않았다. 늘어나는 이자 때문에 생활은 점점 더 어려워졌다.

그래서 또다시 창업으로 성공하겠다며 2016년 새해 첫날부터 백수가 되었다. 가장으로서 직장을 그만두고 창업을 위한 공부를 시작한다는 결정을 내리기까지 쉽지 않았다. 하지만 더 나이가 들면 도전조차 할 수 없을 것 같아 공부에 뛰어들었다. 희망이 보이지 않던 직장생활을 정리하고 인력사무소를 창업하기로 한 것이다. 인력사무소를 창업하기 위해서는 직업상담사 자격증이 필요했다. 그래서 퇴직 후 학원에 등록하고 직업상담사 공부를 시작했다.

공부에만 집중할 수 있었으면 좋았겠지만 현실은 녹록지 않았다. 학원에 다니던 몇 달 동안 실업급여조차 받지 못했다. 소득 하나 없이 아내의 월급과 신용카드에 의지해 겨우겨우 버티는 상황이었다. 유일한 희망은 빨리 자격증을 취득해 인력사무소를 창업하는 것이었다. 자격증을 취득하기 위해 몇 달 동안 열심히 공부했지만 결국 인력사무소를 창업할 수는 없었다. 자격증만 취득하면 인력사무소를 창업할 수 있을 것이라 착각한 것이 문제였다.

시험에 합격한 후 창업을 준비하던 도중 충격적인 이야기를 들었다. 사무실 임대료와 운영자금 조금만 있으면 창업할 수 있을 줄 알았던 인력사무소가 예상과 달리 많은 현금을 필요로 한다는 것이었다. 인력사무소를 하려면 일한 사람들에게 줄 현금이 필요했다. 인력사무소를 통해 일한 사람들에게 먼저 일당을 지급하고 나중에 거래처에서 수금하는 거래방식이었기 때문이다. 제대로 돈을 벌기 위해서는 많은 현금이 필요한 사업이었다. 아무리 계산해 봐도 창업에 필요한 돈을 마련할 방법이 없었다. 결국 인력사무소 창업을 포기할 수밖에 없었다.

그동안 힘들어도 창업하겠다는 희망으로 버텨 왔다. 그런데 그것이 신기루처럼 사라져 버리자 너무나 냉혹한 현실이 나를 압박했다. 창업에 실패하며 생긴 빚더미에 몇 개월 동안 백수로 지내며 추가로 생긴 카드대금까지. 직업조차 없던 백수가 감당하기에는 너무나도 힘든 상황이었다. 하지만 나는 부양해야 하는 가족들이 있었다. 이대로 의미 없이 시간을 보낼 수는 없었다.

며칠 동안 끙끙대며 해결 방법을 고민하다 결국 답은 또다시 창업이라 결론지었다. 그러곤 적은 돈으로 창업할 수 있는 떡볶이 전문점에 도전하기로 마음먹었다. 직전에 엽기떡볶이를 창업한 경험이 있었다. 그래서 이번에는 프랜차이즈의 도움을 받지 않고 창업할 수 있을 거라는 자신감이 있었다. 수중에 돈이 한 푼도 없었기 때문에 필요한 창업자금은 보증금이 적은 곳으로 집을 이사해 생긴 3,000만 원으로 해결했다.

창업자금이 부족하다 보니 임대 보증금이 적은 상가를 얻어야 했다. 자리를 찾아 여러 곳을 알아보았다. 그러다 집 주변 아파트 지하상가에서 작은 점포를 발견해 상가 임대계약을 했다. 수중에 가지고 있던 적은 돈으로 선택할 수 있는 최선의 방법이었다. 하지만 상황은 너무나도 열악했다. 떡볶이 전문점에 필요한 인테리어 공사를 계약하고 가족들에게도 점포를 보여 준 후 계획을 설명했다. 점포를 계약했다는 이야기에 부모님이 직접 찾아오셨다. 그러나 내 기대와 달리 지하실에서는 음식 장사를 하는 것이 아니라고 하셨다. 그러면서 이미 계약을 한 상황인데도 창업에 반대하셨다.

그동안 계속된 실패에도 항상 내 선택을 믿어 주시던 장모님과 아내까지 다시 생각해 보라고 말리니 자신감이 확 떨어졌다. 지난 10년 동안 나 때문에 고생한 가족들을 생각하니 마음이 흔들렸다. 며칠 동안의 고민 끝에 결국 창업을 포기했다. 주인에게 사정을 이야기하고 위약금을 물어 주었다. 그리고 상가 임대계약과 인테리어 계약을 해지했다. 최후의 방법이라고 생각하고 도전했던 창업이었다. 그런데 시작도 못한 채 돈만 날리고 포기하려니 마음이 힘들었다. 미래에 대한 걱정으로 잠을 제대로 잘 수 없었다.

창업을 위해 준비한 자금 3,000만 원에서 위약금을 물어 주고 밀린 카드대금을 내고 나니 통장에는 딱 1,000만 원이 남아 있었다. 최악의 상황이었지만 나만 바라보는 가족들을 생각하면 희망을 버릴 수 없었다. 나는 '통장에 있는 돈 1,000만 원은 절대 생활비로 쓰지 않고 이 돈을 종잣돈 삼아 반드시 성공할 것이다' 이렇게 나 자신에게 다짐했다. 그리고 그날 저녁 퇴근한 아내에게 내 생각을 말했다.

하지만 각오와 달리 앞으로 어떻게 할 것인지 구체적인 방법이 떠오르지 않았다. 지식이 부족하다는 생각이 들어 답답한 마음에 창업 관련 책을 읽기 시작했다. 직업상담사를 공부하며 알게 된, 1인 창업과 관련한 책을 읽다가 배워서 책을 쓸 수 있다는 것을 알게 되었다. 창업 실패 경험에서 깨달은 것들을 설명하고 성공하기 위해서는 어떻게 해야 하는지 알려 주는 이야기였다. 그래서 통장에 남아 있던 1,000만 원으로 책 쓰기에 도전하리라 마음먹었다.

책 쓰기를 배우기 위해 〈한책협〉에 가입하고 〈1일 특강〉에 참석했다. 강의를 듣다가 나보다 더 힘들었던 상황에서도 좌절하거나 포기하지 않고 책 쓰기를 통해 자신의 꿈을 이룬 김태광 대표 코치의 이야기에 큰 충격을 받았다. 나는 그동안 좋은 환경에서도 세상을 원망하며 부정적인 생각을 가지고 살아왔다. 그는 나와 달리 어려운 환경 속에서도 자신의 꿈을 응원하고 긍정의 힘으로 결국 꿈을 현실로 만든 것이다. 그래서 〈책 쓰기 과정〉에 등록하고 책 쓰기를 배우면서 달라지기로 결심했다.

나는 그동안 계속된 실패로 부정적인 생각에 사로잡혀 하루하루를 절망 속에서 살았다. 그런데 책 쓰기를 하며 작가라는 꿈이 생긴 후 생활은 백팔십도로 달라졌다. 매일 저녁 친구들을 만나 술을 마시며 신세한탄이나 하던 내가 술을 끊고 그 시간을 나에게 투자하기 시작한 것이다. 매일 오전에 2시간씩 운동하면서 체중을 20킬로그램 감량하고 그동안 나를 괴롭히던 비만에서 탈출했다. 그 과정에서 무엇이든 마음만 먹으면 할 수 있다는 자신감도 얻었다.

그 자신감으로 다른 사람들을 돕기 위해 1인 창업에 도전했다. 창업 이후 1인 창업을 희망하는 사람들을 도우며 경험한 사례들을 책에 담기 시작했다. 사업과 책 쓰기를 병행하다 보니 원고를 완성하는 데 다른 사람들보다는 조금 더 시간이 걸렸다. 하지만 1인 창업을 하며 경험한 생생한 이야기를 담을 수 있었다. 책 쓰기를 시작하고 1년. 그사이 꿈꿨던 많은 것들이 현실이 되었다. 버킷리스트였던 1인 창업코치 되기, 〈소셜창업연구소〉 만들기, 베스트셀러 작가 되기, 강연가 되기, 가족들의 자랑 되기까지. 이 모든 것을 1년만에 이룬 것이다.

내가 1년이라는 짧은 시간 동안 이렇게 많은 성과를 올릴 수 있었던 이유는 책 쓰기라는 뚜렷한 목표가 있었기 때문이라고 단언한다. 10여 년 동안 많은 실패로 절망했지만 책 쓰기를 만나고 성공할 수 있다는 희망을 보았다. 많은 사람들이 나처럼 책 쓰기를 통해 희망을 찾고 인생역전을 이루기를 소망한다.

최정훈

18

무한한 잠재력을 꺼내
더 큰 비전을 향해 달려가기

이아롱 부모 감정 코치, 육아 전문가, 〈요미러브〉 대표

녹록지 않은 육아를 하며 힘든 시간을 겪었다. 힘든 시간을 극복하는 과정에서 '온전한 나'로 살아갈 때 행복한 엄마가 될 수 있다는 사실을 깨달았다. 또한 육아는 아이와 함께 성장하는 과정임을 몸소 경험했다. 꿈과 목표를 갖게 되었고, 이를 이루기 위해 노력하는 열정적인 엄마가 되었다. 이러한 저자의 경험과 노하우를 자신처럼 육아로 힘들어하는 초보엄마들에게 전달하고 있다. 저서로는 《버킷리스트 17》이 있다.

• Email ahlong88@naver.com
• C·P 010.8637.4341
• Blog blog.naver.com/ahlong88
• Instagram yomi_love1

"태어나서 가장 많이 참고 일하고 배우며 해내고 있는데, 엄마라는 경력은 왜 스펙 한 줄 되지 않는 걸까?"

동아제약에서 만든 박카스 광고 속 대사다. '엄마'라는 주제로 기획된 광고다. 광고에는 따뜻한 배경음악과 함께 머리가 헝클어져 있고, 화장기 없는 여자가 나온다. 딱 봐도 지치고 힘들어 보인다. 그녀는 청소를 하고 아이들을 목욕시킨다. 목욕을 하고 있던 아이들은 엄마에게 "엄마도 목욕해!"라며 물을 뿌린다. 지친 엄마가 박카스를 마시며 에너지를 충전하는 모습으로 광고는 마무리된다.

나는 박카스 광고 속 여자와 같이 세 살 아이를 키우고 있는 육아맘이다. 일생에 겪지 못할 가장 큰 고통을 겪으며 출산을 했다. 지금까지의 인생에서 가장 힘들게 일하지만 알아주지 않는 엄마라는 이름. 이젠 여자도, 남자도 아닌, 눈에 띄지 않는 평범한 엄마다. 나는 박카스 광고를 보고 많은 공감을 하며 눈물을 흘렸다. 내 마음을 꿰뚫어 본 듯한 광고와 대사였다.

대학교 졸업 후, 난 단 한 달의 공백기도 없이 5년을 일했다. 더 나은 삶을 살기 위해 직장을 다니면서 대학원도 다녔고 회사를 옮기며 일했다. 콩나물시루같이 사람들로 빽빽한 지하철을 타고 출근해서 파김치가 되어 집으로 돌아왔다. 말만 들어도 피곤한 일정이지만 나는 휴가 기간에 3일만 집에서 쉬어도 일하러 나가고 싶었다. 그렇게 열심이었고 열정적이었다.

하지만 내 삶은 지극히 평범했다. 어느 직장인 여자와 다를 것 없는 월급쟁이였다. 열심히 사는 것, 회사생활을 잘하는 것. 그것이 나는 잘 사는 것이라고 생각했다. 그렇게 계속 살다 보면 더 잘살게 될 것이라고 믿었다. 이렇게 내 안에 열정과 기운은 있었지만 방향이 없었다. 더 나은 삶을 원했지만 구체적인 꿈과 목표 없이 그저 개미처럼 열심히 일하기만 했다.

지금의 남편과 연애를 시작하고 10개월 만에 결혼했다. 곧 세상에서 가장 소중한 선물인 우리 아이를 출산했다. 그러곤 '전투육아', '헬육아'를 제대로 맛보기 시작했다. 임신 시기부터 급변하는 나의 삶에 우울했다. 출산과 함께 아이와 단둘이 집에만 있어야 하는 집사람이 되었다. 워낙에 나가기를 좋아했던 나였는데 몸조리를 해야 한다며 최소 100일까지는 외출도 하지 못했다. 말도 안 통하는 아이와 단둘이 있는 하루는 24시간이 아니라 240시간 같았다. 말도 안 통하고 아직 감정 교류도 되지 않는 아이와 단둘이 있는 하루, 하루는 너무나 힘들었다. 빨리 남편이 퇴근하기만을 기다렸다. 점점 외로워졌다.

빨리 아이가 잠들기만을 바랐다. 아이가 웃어 줄 때는 세상 행복했지만 금세 우울해졌다. 점점 내가 사라지고 있는 이 삶이 불행하다고 생각했다. 남편은 육아에 잘 참여하는 편이었다. 그럼에도 불구하고 나는 남편에게 짜증을 냈다. 연애 때부터 남편과 단 한 번도 싸워 본 적이 없었는데 아이 때문에 싸우게 된다는 사실에 더 화가 났다. 이러다 이혼의 위기까지 갈 수도 있겠다고 생각했다.

그 순간 '돈이 많아 베이비시터를 고용해 내 시간이 있다면 이렇게까지 힘들까?'라고 생각했다. 갑자기 부잣집으로 시집간 엄마들이 부러워졌다. 우울함이 극에 달했던 나는 급기야 남과 나를 비교하기 시작했다. 몸과 마음이 더 피폐해져 갔다. 그래도 남편에게 바가지를 긁을 순 없었다. 그냥 다 내 잘못이라 생각했다. 내가 돈을 벌어야겠다고 생각했다. 내가 성공해야겠다고 생각했다.

나는 최소 3년은 아이를 어린이집에 보내지 않고 내가 직접 키우겠다고 다짐했던 사람이다. 그 생각은 단 3개월 만에 깨져 버렸다. 육아휴직이 끝나는 즉시 아이를 어린이집에 보내고 직장에 다니겠다고 선언했다. 이렇게는 못 살겠다면서. 내가 지금 뭐 하고 사는 건지 모르겠다면서.

그 이후로 나는 틈만 나면 구직 사이트를 뒤져 보았다. 나는 전직 영양사였다. 때문에 영양사로 일할 수 있는 곳을 찾아보았다. 경력직 영양사는 경력만큼 인정을 받지 못한다. 인턴부터 시작한 정규직 영양사들보다 훨씬 낮은 연봉에 계약된다. 게다가 나는 아이가 있으니 아침 9시부터 오후 3시나 4시까지 단시간으로 일해야 했다. 그렇게 찾아보니 월급이 겨우 100만 원에서 많으면 150만 원이었다.

5년을 일하며 경력을 쌓았지만 내 경력으로 벌 수 있는 돈은 많아야 150만 원이었다. 엄마라는 경력은 이력서에 쓸 수가 없었다. 오히려 경력단절 여성이라 보수는 더 낮아졌다. 아이를 온종일 어린이집에 맡겨야지만 겨우 200만 원 초반대의 월급을 받을 수 있었다. 결혼하면 잘살 줄 알았던 나는 현실에 좌절했다. 이 돈으로는 아끼고 아끼는 절약의 노예를 벗어날 수 없겠다고 생각했다. 사업을 해야 한다는 사실을 깨달았지만 아직 사업 아이템이 없었다.

그러던 중 우연히 발견해서 시작한, 가슴 뛰는 취미생활이 있었다. 바로 가죽공예였다. 내 손으로 명품 지갑, 명품 가방을 만든다는 사실에 완전히 매료되었다. 또한 공방에서 발견해 배운 가죽 아기 신발 및 소품들은 나의 사업 아이템이 되었다. 잘만 하면 큰돈을 벌 수 있겠다고 생각했다. 게다가 온전히 나만의 시간을 가질 수 있어서 나는 행복해졌다. 그렇게 힘들던 육아도 힘들게 느껴지지 않았다. 우리 아이가 마냥 예뻐 보이는 순간이 늘어났다.

호기롭게 시작한 사업은 잘되지 않았다. 처음 몇 달간은 겨우 용돈 수준의 몇십만 원 벌이였다. 나는 나의 콘텐츠를 알리기 위해 SNS를 시작했다. 처음엔 반응이 없었다. 더 효과적으로 알리기 위해 〈한국SNS마케팅협회〉 신상희 대표에게 마케팅 교육을 받았다. 마케팅 교육의 핵심은 퍼스널 브랜딩이었다. 나를 드러내고 나를 브랜딩 하는 것! 처음엔 반응이 없던 나의 SNS는 이제 아주 활발해졌다. 꾸준한 퍼스널 브랜딩을 통해 점차 많은 임산부, 엄마들과 소통하게 되었다. 그렇게 소통하면서 매출이 많이 증가했다. 며칠에 한 번씩 발생하던 매출이 이제는 매일, 24시간 발생한다.

더 완벽한 퍼스널 브랜딩을 위해 노력하던 중 또다시 내 가슴을 요동치게 만든 한 문장을 발견했다. "돈은 기하급수적으로 버는 것이다!" 〈한책협〉의 김태광 대표 코치가 한 말이다. 돈을 기하급수적으로 번다고? 나는 바로 그가 진행하는 〈1일 특강〉을 들으러 갔다.

그는 평범한 주부일수록 책을 쓰라고 말했다. 자신의 스토리로 책을 써서 그 분야의 전문가가 되라고 말했다. "성공해서 책을 쓰는 것이 아니라 책을 써야 성공한다."라고 말했다. "책만큼 퍼스널 브랜딩에 효과적인 수단은 없다.", "내가 일하지 않아도 알아서 홍보해 주는 시스템이 책이다."라고 말했다. 모든 말이 다 신세계였고 맞는 말이었다. 그곳에서 나는 드디어 내 성공의 길을 찾았다. 나는 제대로 성공하기 위해 책을 썼다.

나는 경력단절 여성이었다. 이력서에 경력이라고 한 줄 쓸 수도 없는 엄마의 스토리가 나를 성공하게 하는 큰 콘텐츠가 되었다. 나는 기질적으로 까다로운 아이를 육아하면서 다양한 육아법을 연구하고 공부했다. 그 과정에서 극심한 육아우울증을 겪었다. 이러다 가정에 위기가 오겠다고도 생각할 만큼 심했다.

하지만 나는 나의 취미생활로 육아우울증을 극복해 온전한 나를 다시 찾았다. 아니 오히려 더 큰사람으로 성장했다. 취미를 사업으로 연결시켜 큰돈을 벌겠다는 목표가 생겼다. 나를 찾으니 행복해졌다. 목표를 세우니 열정적이 되었다. 1인 창업에도 성공했다. 얼마 전에는 임산부 100명을 대상으로 하는 강연 요청까지 들어왔다. 평범한 엄마가 강연 요청까지 받다니, 이것은 엄청난 변화다. 일과 육아 두 마리 토끼를 다 잡은 멋진 여자, 멋진 엄마, 멋진 아내가 되었다.

나는 여기서 끝나지 않고 한 단계 더 발전해 〈한국부모감정코칭협회〉카페를 운영한다. 나와 같은 엄마들에게 나의 스토리를 전달하고 싶어서다. 나처럼 힘든 순간을 겪는 엄마들에게 내 스토리로 동기부여를 해 줄 것이다. 자신을 잃지 않고 더 성장해서 당당한 여자가 되도록 도움을 줄 것이다. 나는 자신의 꿈을 잃은 엄마들이 다시 행복해질 수 있도록 도와주는 메신저가 되었다. 경력단절 여성이 되어 버린 엄마들이 다시 당당하게 사회에 나가고 더 멋진 1인 창업가가 되도록 동기부여해 주고 있다.

내 인생의 터닝 포인트는 세 번으로 나뉜다. 제1 터닝 포인트는 출산 후 겪은 육아우울증이다. 이 시기를 통해 나는 나를 다시 찾았고 내가 좋아하는 일을 하게 되었다. 사업이 잘 안 될 때도 우울하지 않았다. 아직 돈은 없었지만 가슴이 시키는 일이었기 때문이다. 앞으로 발전할 방법만을 찾았다. 제2 터닝 포인트는 〈한국SNS마케팅협회〉 신상희 대표를 만난 일이다. 그녀를 통해 나의 콘텐츠 방향을 설정했고 제대로 마케팅할 수 있게 되었다. 그녀의 가르침을 통해 겨우 몇십만 원에서 몇백만 원의 매출을 올리고 있다.

가장 큰 터닝 포인트인 제3의 터닝 포인트는 〈한책협〉의 김태광 대표 코치를 만난 일이다. 그를 만나 소소한 사업을 하던 주부에서 작가, 1인 창업가, 강연가, 코치가 되었다. 나는 나도 모르고 지나쳐 버렸던 나의 새로운 가치를 발견했다. 내 안의 무한한 잠재력을 꺼내게 되었다. 우울했던 나의 지나날은 잊고 더 큰 꿈을 볼 수 있게 되었다. 더 큰 비전을 향해 달려갈 수 있게 의식이 확장되었다. 앞으로 나는 무한히 성장할 것이다. 그러기 위해 책을 썼고 지금도 쓰고 있다. 나의 진짜 아름다운 인생은 책 쓰기 전과 후로 나뉜다.

19

책 쓰기로 우물 안 개구리 생활 청산하기

이성남 수민 피부 관리 대표, 1인 기업가, 자기계발 작가, 동기부여가

사람들의 건강하고 아름다운 삶을 위해 피부 상태, 신체 구조 등을 집중 상담하고 관리해 주고 있다. 근육이완법을 통해 근육 통증으로 어려움을 겪고 있는 사람들의 삶의 질을 높여 주려고 노력하고 있다. 저서로는 《버킷리스트 17》이 있으며 현재 현대인들이 근육 통증에서 해방될 수 있는 '통증 없는 몸'을 주제로 개인저서를 집필 중이다.

• Email k333e1@naver.com   • C·P 010.5116.6908

이틀 전 분당에 다녀오는 길이었다. 버스 창밖으로 하늘을 바라보았다. 파란 하늘과 솜사탕 같은 구름이 너무 아름다웠다. 얼마만에 바라본 하늘인지. 들판엔 벼들이 군데군데 노랗게 물들어 있었다. 입추가 지난 탓일까? 한낮의 뜨겁던 햇살도 이제 바람과 함께 살포시 사그라드는 것 같았다.

나는 2006년도에 피부 관리 과정을 수료했다. 수료 후 F숍에 취업해 직원으로 근무했다. 10시까지 출근이었지만 근무하는 동안 나는 다른 사람보다 먼저 출근했다. 나이 어린 강사보다 더 궂은일을 하면서 테크닉을 하나씩 배워 나가기 시작했다. 처음 배우는 테크닉은 수없이 연습을 반복해 내 것으로 만들었다.

무슨 일이든 깊이 알수록 어렵다는 말이 있다. 시간이 지날수록 고객의 몸을 만지는 것이 어려웠다. 어느 날 고객을 관리하기 위해 고객의 머리맡에 앉았다. 테크닉을 시행하기 위해서였다. 그런데 갑자기 테크닉을 시행하고 있는 나 자신에게 싫증이 났다. 그 순간, 고객의 입장에서 생각하게 되었다. '매번 반복되는 테크닉에 지루하거나 싫증이 느껴지지 않을까?'라고. 또한 이 상태가 지속된다면 얼마나 버틸 수 있을까? 라는 생각이 밀려오기도 했다. 나는 기본 테크닉에 한두 가지 더 더하기 위해 퇴근 후 F숍 원장님께 테크닉을 배우기로 했다. 하나하나 테크닉을 배울 때마다 더 깊은 재미를 느끼기 시작했다.

나는 F숍에서 3년 6개월 동안 근무했다. 근무하는 동안 나는 고객의 여러 가지 피부유형 관리법, 고객 상담 노하우 등을 관심을 가지고 배웠다. 그러다 보니 숍을 오픈해 고객을 관리할 수 있겠다는 자신감이 생겼다. 나 자신을 믿고 발품을 팔아 가며 혼자서 고객을 관리할 수 있는 여덟 평의 작은 가게를 계약했다. 그리고 필요한 물품을 준비해 2009년 8월 숍을 오픈했다.

오픈 다음 날 숍에 출근했다. 나는 그날을 지금도 잊을 수가 없다. 숍을 오픈했지만 고객이 없는 상태에서는 나의 테크닉이 아무리 특별하다 해도 쓸모없는 것이라는 생각이 들었다. 텅 빈 숍을 바라보며 순간 멍해지는 기분이었다. 맨땅에 머리를 박는 기분이 이런 걸까? 암담함이 밀려왔다.

하지만 이 상태로 손 놓고 있을 수는 없었다. 나는 오픈 준비물 과정에서 마련했던 1회 피부 관리 무료티켓을 생각해 냈다. 그러곤 티켓을 들고서 무조건 밖으로 나갔다. 거리를 지나가는 여성분들에게 티켓을 한 장씩 나눠 주며 홍보하기 시작했다. 그리고 대형마트나 식당에 삼삼오오 모여 식사하는 여성분들에게 티켓을 무조건 나눠 드렸다. 그 노력의 결과는 오픈 이틀째 되는 날부터 나타났다.

숍에 첫 고객이 방문했을 때 나는 처음 실기 시험을 보는 날처럼 가슴이 두근거리고 떨렸다. 고객의 작은 표정이나 몸짓에도 온통 신경이 곤두섰고 말 한마디, 행동 하나하나가 긴장되었다. 테크닉을 시행하는 그 순간마다 고객의 표정이나 반응을 살피게 되었다. 아무리 자신 있는 테크닉이라 해도 고객이 만족하지 못한다면 그것은 무용지물이다. 지속적인 관리 요청으로 연결되지 않는다. 때문에 긴장하지 않을 수 없었다.

나는 고객에게 최선을 다했다. 고객의 피부를 케어하면서도 어깨통증이나, 허리 통증, 손발 저림을 호소하는 고객에게는 근육이완법을 활용해 근육의 긴장을 풀어 주며 통증을 해소해 주었다. 그래서일까? 고객들의 입소문을 타고 거리와 상관없이 해남, 서울, 여수, 광주 등 곳곳에서 오래된 통증으로 고생하는 분들이 찾아오셨다.

고객과는 보통 일주일 전에 날짜와 시간을 예약하고 스케줄을 잡는다. 그런데 가끔 개인적인 사정이 생겨 관리를 받으러 오지 못하는 고객이 생긴다. 나는 많은 사람과 어울려 수다를 떠는 성격도 아니다. 혼자 있는 시간을 좋아한다. 그래서 그렇게 숍에 혼자 있게 되는 시간에는 뜨개질을 하거나 책을 읽는다.

어느 날 아침 숍에 출근해 컴퓨터를 켰다. 모니터를 본 순간 폴 칼라니티의 《숨결이 바람 될 때》라는 책 제목이 눈에 들어왔다. 제목에 이끌려 나는 인터넷을 통해 책을 구매했다. 폴 칼라니티 저자는 문인이 되기 위해 스탠퍼드 대학에서 영문학 학사와 석사 학위를 받고 영국에서 철학 석사를 받았다. 그러다가 생명 현상과 인간을 깊이 이해하고 싶다는 열망으로 의과대학에 들어갔다. 그리고 졸업 후에는 뇌를 연구하기 위해 신경외과를 택했다. 그렇게 7년간의 힘든 수련생활을 하던 그 마지막 해, 36세의 나이에 투병생활을 시작한다.

폴 칼라니티가 투병 중에 진료를 맡은 의사에게 말한다. "시간이 얼마나 남았는지 알면 쉬울 텐데요. 2년이 남았다면 글을 쓸 겁니다. 10년이 남았다면 수술을 하고 과학을 탐구하겠어요."라고. 이 글을 읽는 순간 죽음을 앞두고 글을 쓰겠다는 말이 너무 감명 깊었다. 나도 평소 책을 쓰고 싶다는 생각과 마음을 갖고 있었다.

하지만 마음뿐이었다. 한 번도 용기 내어 책을 쓸 수 있는 방법을 알아보지 않았다.

책을 반절 정도 읽었을 때다. 고객이 아들 관리를 위해 아들과 함께 오셨다. 기다리는 중에 고객은 블루투스에 연결한 키보드로 무엇인가를 열심히 쓰고 계셨다. "책 쓰세요?"라고 내가 물었다. 그러자 고객은 "네."라고 대답했다. 정말 부러웠다. 책을 써 본 적이 없는 나는 방법을 알고 싶었다. "방법을 어떻게 알고 시작했어요?"라고 묻자 고객은 "통증 관리의 달인이 원장님이라면 책 쓰기의 달인은 이분이라고 말하고 싶어요."라고 자신 있게 말했다.

그분은 다름 아닌《성공해서 책을 쓰는 것이 아니라 책을 써야 성공한다》의 저자인 김태광 대표 코치였다. 그리고 나는 고객의 소개로 그가 운영하는 〈한책협〉을 알게 되었다. 나는 먼저 〈한책협〉 카페에 가입하고 〈1일 특강〉을 신청했다. 그러곤 〈1일 특강〉에 참석하기 전에 먼저 카페를 둘러보았다. 또 다른 신세계를 보는 기분이었다.

서울 사이버대학교 양병무 석좌교수의 말을 들어 보면 글쓰기 능력은 타고나기보다 본인의 노력 여하에 의해 만들어진다는 것을 알 수 있다. 양병무 교수는 문학수업을 받은 적도 없다. 글을 쓰고 싶어서 책을 썼던 것도 아니다. 1990년대 중반 직장에서 글을 쓰지 않으면 안 되었기 때문에 어쩔 수 없이 글을 쓰기 시작했다고 말한다. 그는 매일 신문 칼럼을 골라 분석하면서 1년 6개월 동안 연습했더니 글쓰기에 자신이 생겼다고 한다. 그는 "처음이 어렵고 방법을 모를 뿐이지, 그다음부터는 쉽게 흘러갑니다."라고 말했다.

지금 책을 쓰고 있는 나 역시 단 한 번도 책을 써 본 적이 없다. 학창 시절에 방학 과제 중 항상 빠지지 않았던 과제가 있다. 책을 읽고 독후감을 써내라는 과제였다. 나에게는 힘든 과제였다. 그런데 〈한책협〉을 통해 책 쓰기를 배우며 형편없는 글솜씨로 공저과정에 참여하게 되었다. 그때 문단 형식을 피드백 받은 후 글을 쓸 수 있다는 자신감이 생겼다. 그리고 현재는 이렇게 책을 쓰고 있다.

책 쓰기는 나에게 또 하나의 소중함으로 다가왔다. 나는 여덟 평의 작은 숍에서 나만의 세계에 빠져 하늘의 넓음이나 바다의 깊음을 우물만큼의 넓이와 깊이로만 이해했다. 고객과의 만남이 내 생활의 모든 것이라 여기고 우물 안 개구리처럼 살아왔다. 그런 나에게 책 쓰기는 우물 안 개구리를 세상 밖으로 나올 수 있도록 해 준 것과 같다.

책 쓰기는 나의 의식을 조금 더 확장시켜 주고 있다. 잠자고 있던 의식과 화해할 수 있도록 해 주고 있다. 나는 책 쓰기를 통해 앞으로 좀 더 성장하고 1인 기업인으로서 수입을 창출할 수 있게끔 발전하기를 바란다. 그렇게 가슴 뛰는 삶을 살고 싶다.

작가로서 축복받은 인생 살아가기

안선혜 부동산 창업 컨설턴트, 부동산 1인 코칭가, 리앤안파트너스 대표, 스카이 공인중개사무소 소장, 자기계발 작가, 동기부여가

현재 공인중개사 대표로서 부동산 투자 강의, 초보자와 기존 부동산 운영자들을 대상으로 한 매출 증대 비법, 부동산 창업에 관련한 부동산 창업 코스를 운영 중이다. 저서로는 《책을 쓴 후 내 인생이 달라졌다 2》가 있고, 현재 부동산을 주제로 개인저서를 집필 중이다.

- Email yeongjong-sunny@naver.com
- C·P 010.8267.7570
- Blog blog.naver.com/yeongjong-sunny

"선혜야! 선혜야! 밥 먹어야지."

대답이 없어서 찾아보면 나는 이미 학교에 가고 없었다. 여자의 몸으로 논농사며 밭농사를 지어야 하는 엄마는 워낙 일찍 일어나는 편이셨다. 나 또한 그런 부지런한 아침에 일조하듯 일찍 일어나는 편이었다. 초등학생인데도 이른 새벽에 학교에 갔다. 엄마는 내가 학교에 가는 걸 못 본 식구들을 당혹시켰다고 이야기하시곤 했다.

어려서는 늦게까지 동네 언니, 오빠들과 노는 것도 좋아했지만 혼자 있는 것도 좋아했다. 우리 집은 산 밑자락에 자리 잡고 있었다. 집 옆으로 길처럼 작은 개울이 나 있어 비 온 후나 여름엔 늘 산으로부터 깨끗한 물이 흘렀다. 난 그 물소리를 무척 좋아했다.

집 앞으로는 300여 평 되는 밭과 그곳으로 연결된 마당이 있었다. 집으로 들어오거나 나갈 때는 밭고랑을 지나야만 했다. 그런데 그 앞에 아름드리 커다란 향나무가 드리워져 있었다. 시간이 날 때면 향나무에 올라가 누워 시도 짓고 노래도 부르곤 했다. 하늘이 푸르거나 구름이 예쁜 날엔 산 밑자락 밭 한가운데에 한참을 누워 있곤 했다. 땅 냄새를 맡고 하늘을 보고 있으면 옛날 사람들의 모습이 지나가 놀라서 몇 번이나 눈을 비비고 다시 보곤 했다. 가끔은 무작정 걷는 게 좋아 동네를 벗어나 이름도 모르는 동네까지 다녀오곤 했다. 밤늦게 돌아오는 경우도 있어서 가족들이 놀래기도 했다.

그때마다 나는 "엄마를 찾으러 다녀왔어요.", "저 동네 끝에 무언가 있을 거 같아서 자꾸자꾸 가게 된 거예요."라고 말했다. 그러면 가족들은 "엄마는 여기 있는데 어디 가서 엄마를 찾아?"라고 면박을 주곤 했다. 나의 이런 모습을 보며 식구들은 나를 엉뚱하다고 이야기했다.

방학 때가 되면 책을 많이 읽을 수 있어서 좋았다. 집에는 두껍고 어려운 책들만 있어서 아마 10대가 되고 나서부터 책을 읽기 시작했던 것 같다. 톨스토이나 헤밍웨이의 작품들은 그나마 좀 쉽게 다가갈 수 있었다. 내가 학교에서 글짓기와 관련한 상을 받는 데 일조한 작품들이다. 막연하게나마 작가가 되고 싶다는 꿈도 그때 들었을 게다.

학기가 시작되면 시험공부다 뭐다 바빠서 책 읽는 시간을 내기가 힘들었다. 초등학교 4학년까지 배구를 했는데 수업은 하나도 안 듣고 운동만 했다. 구구단을 못 외워서 남아서 공부했던 기억이 가끔 난다. 보다 못한 엄마는 운동을 때려치우게 하고 내게 학교 수업을 듣게 했다. 그래서 학교 공부는 5학년 때부터 시작했다.

늦게 공부를 시작한 탓도 있는 데다 그 시골에는 학원이나 공부를 가르쳐 줄 만한 어떤 시설도 없었다. 그래서 혼자 공부했다. 기초 없이 들어간 중학교 시절에는 공부를 따라가느라 늘 밤을 지새우곤 했다. 책 읽기를 좋아해서 작가를 꿈꾸었다. 하지만 공부를 해야 하는 데다 뭔가 근사한 직업을 갖고 싶어서였는지 학창 시절 외교관으로 꿈을 틀었다. 아마도 여러 나라를 다닐 수 있다는 생각이 들어서였을 것이다.

누구나처럼 어릴 적 가졌던 꿈은 생활과 시간 속에 묻히고 잊혀 갔다. 어른이 되고 난 후에도 어쩌다 작가나 여행가들을 만나면 너무 좋았다. 꼭 작가가 아니더라도 여행을 다녀온 사람들로부터 여행 이야기를 들으면 흥분하기도 했다. 낯선 곳을 다녀온 사람들은 그 지역의 땅 냄새와 비를 바람에 묻혀 옷자락이며 미소에 닦아 온다. 그 향기가 참 좋다.

그래서인지 나는 생각하곤 했다. '나도 언젠가 저렇게 여행을 다녀와야지.' 그러나 현실은 나를 나의 바람대로 살게 하지 않았다. 그런 상황에도 익숙해져 갔다. 그러다 보니 그냥 다들 그렇게 사는 거고 인생이 다 이런 거 아니겠냐는 철든 생각으로 나를 위로하며 지냈다.

하지만 그러한 위로로도 마음이 채워지지는 않았다. 늘 살고 싶은 이상과 살아야 하는 현실이 달라서 힘들었다. 난 유난히 예민해서 TV나 영화를 잘 안 본다. 아니, 못 본다고 해야 맞는 말이다. 현실의 안 좋은 이야기나 사건들을 듣거나 보면 너무 괴롭다. 그런 기분이 몇 날 며칠, 아니 계속 이어져 생활하기가 힘들다. 그래서 특히 뉴스는 더 안 보는 편이다.

어떤 이들은 그렇게 세상 소식을 안 듣고 어떻게 사느냐고 말한다. 예전에는 그러가 싫어서 유행하는 책이니 영화를 내키지 않아도 보기도 했다. 하지만 역시 내게는 힘든 일이었다. 그다음부터는 내가 원하지 않는 것은 아예 보거나 듣지 않는다.

누구에게나 자신만이 아는 자신의 비밀스런 무언가 있을 것이다. 그것이 상식과 맞지 않는다는 생각이 들면 감추거나 바꾸어 가며 살려고 애쓰기도 한다. 나 또한 그래 왔다. 직업이나 일도 그러했다. 무의식적으로 남들이 그렇게 해야 한다는 쪽으로 맞춰 왔다.

착하게 살아야 한다든가 열심히 살아야 한다든가 남한테 어떻게 말하고 행동해야 한다든가 하는 것들이다. 이런 것들에서 벗어나지 않으려고 애쓰며 살아온 것이다.

다행히 요즘은 보거나 듣고 싶지 않은 것들은 안 보고 안 들어도 살 수 있는 세상이다. 내가 원하는 것만 얼마든지 찾아볼 수 있는 세상이다.

그러던 어느 날, 내 인생에 바람이 불었다. 파울로 코엘료. 그의 《연금술사》가 내 손에 들어왔다. 그건 '사랑'이었다. 그 뒤로 이어지는 책들은 내게 다른 시선을 가지게 해 주었다. '다시 뭔가를 시작할 수 있지 않을까'라는 감정을 키워 나가게 했다. 다른 사람들과 비슷하게 살고 그들의 기준에 맞게 사는 것은 내 삶이 아니라고 이야기해 주었다. 나의 바람대로 사는 게 행복이고 우리는 다 그렇게 시작되었다고 말해 주었다.

나는 다시 꿈꾸기 시작했다. 정말 내가 원하는 삶을 살고 싶어졌다. 그동안 그렇게 살지 못한 것이 누군가의 강요에 의해서 그런 것이 아니었는데도 억울했다. 나는 선택하기로 했다. 그동안 많지는 않지만 현실이 힘들 때마다 책을 읽어 왔다. 그런데 내가 원하는 삶을 선택한 후 내게 주어지는 책들은 하나같이 모두 살아서 나를 숨 쉬게 했다.

가족이 함께 모인 어느 밤, 좋지 않은 일들로 싸우고 분위기가 안 좋았을 때다. 나는 왜 이러한 현실이 되었나, 내가 정말 이런 상황을 불러왔나 하는 의문이 들었다. '내가 불편해하는 현실이 벌어지는 이유는 도대체 무엇일까? 내가 정말 이런 것을 원했던 걸까?' 이런 생각을 하며 잠자리에 들었다. 그런데 잠이 드는 순간 예전에, 아니 아주 어릴 적에 내가 이런 생각을 했던 것을 기억해 냈다. 나는 이러한 모든 현실을 이겨 내고 성공적인 삶을 살 거라고 생각했었던 것이다. 나는 너무도 놀라서 일어났다. 그러곤 모두에게 미안한 마음에 울기 시작했다. 내가 만들어 온 현실이었던 것이다.

그것을 깨달으며 하나씩 이해가 되기 시작했다. 그토록 힘들었던 가족들, 나의 현실은 모두 내가 선택한 것이었다. 나는 영웅이 되고 싶어서 과거에 나의 이런 현실을 짜 놓은 것이었다. 그런 줄도 모르고 그냥 잊고 살아온 것이었다. 그 후로 일어나는 일들에 조금 초연해질 수 있게 되었다. 내게 일어나는 모든 것들이 내가 이미 계획했던 일이었음을 기억해 내기도 했다. 또한 기억이 나지 않으면 안 나는 대로 그냥 그렇게 지냈다. 그러면서 마음이 훨씬 가벼워졌다.

그러다 나는 언젠가는, 아니 5년쯤 뒤에는 나의 이야기를 쓸 수 있지 않을까 생각하게 되었다. 그런 막연한 생각도 내게는 작은 기쁨이 되었다. 마치 아무도 모르는 보물 하나를 가진 것처럼 마냥 즐겁기만 했다.

그러던 어느 날 책 쓰기를 가르쳐 준다는 인터넷 카페를 알게 되었다. 그곳에는 평소 내가 즐겨 읽는 책의 내용이 예쁜 사진과 함께 올라오고 있었다. 가끔 들어가서 내용을 보고는 감사의 댓글을 남기며 자주 드나들게 되었다. 그곳에는 꿈이 있는 사람들, 그 꿈을 실현해 가는 사람들이 있었다. 꿈을 이루는 것도 '언젠가'가 아니라 '당장'이라고 말해 주고 있었다.

나는 선택하기로 했다. 당장 나의 꿈들을 현실로 불러오기로 결심한 것이다. 그리고 또 변화가 시작되었다. 책 쓰기를 선택한 순간 나는 독자에서 저자로 바뀌어 가는 나를 발견할 수 있었다. 책을 읽는 것과 책을 쓰는 것은 다른 과정이다. 책을 읽으면 우리는 성장하면서 변화한다. 변화는 사물의 성질과 모양, 상태가 바뀌어 달라지는 것이다.

그러나 책을 쓰면 성장과 더불어 확장이 된다. 확장은 변혁이다. 급격한 변화를 가져오는 것이다. 나는 책 쓰기를 준비하면서 나를 돌아보게 됨은 물론이고 그동안 숨겨 왔던 나의 아픈 상처들과 마주할 용기를 갖게 되었다. 그리고 여러 가지 작고 큰 경험들을 해 가며 놀라운 우주의 섭리를 알아 가고 있다. 글을 쓰면서 여러 가지 새로운 것들을 깨달아 가는 기쁨 또한 크다.

우리는 모두 작가다. 무언가를 창조해 내는 내 인생의 작가다. 누구나 한때는 시인을 꿈꾸고 소설가나 음악가, 작곡가를 꿈꾼다. 무언가를 만들어 내고자 하는 욕구는 인간의 본성이다. 다만 잊고 살아갈 뿐이다. 그러니 누구나 다 작가인 것이다. 표현 방법이 글이든 그림이든 무엇이든 또 아무것도 쓰지 않아도 이미 모든 것은 기록되어져 있다. 다만 그것을 무엇으로 나타내는가만 다를 뿐이다.

우리는 누구나 다 여러 표현 방법으로 인생을 창조해 간다. 그래서 우리의 인생은 소중한 것이다. 나는 내가 선택한 방법으로 축복받은 인생을 살아 내기로 결심했다. 나에게 이런 기회를 준 김태광 대표 코치와 〈한책협〉 가족들에게 감사의 마음을 전한다. 그리고 우리의 정원에서 함께할 꿈맥들에게 축복과 사랑을 보낸다.

메신저로서 인생 2막 시작하기

김은화 〈한국부동산투자코칭협회〉 대표, 부동산 코치, 컨설턴트, 자기계발 작가, 동기부여가

부동산 임대업과 함께 많은 사람들에게 희망과 용기를 주는 메신저의 삶을 살아가고 있다. 현재 네이버 카페 〈한국부동산투자코칭협회〉를 운영하면서 활발하게 활동하고 있다.

• Email dmsghk0010@naver.com

글짓기도 제대로 하지 못하던 내가 책을 쓰다니 정말 믿기지 않는 일이다. 초등학교에 다닐 때 방학 동안 일기를 매일 꼬박꼬박 쓰지 않았다. 그러곤 방학이 끝나기 며칠을 앞두고 밀린 일기를 쓴 기억이 있다. 독서 또한 재미있는 책만 골라 읽었고 따분한 책은 손에도 대지 않았다. 어른이 되어서도 마찬가지였다. 바쁜 일상 속에 책하고는 점점 더 거리가 멀어졌다.

나는 부동산 임대업을 한다. 회사생활로는 더 이상 나아지지 않는 현실 속에서 새로운 돌파구를 찾은 것이다. 처음에 부동산 투자를 해야겠다고 마음먹게 만들었던 것은 한 권의 책이었다. 어떤 사람이 나에게 부동산 투자를 해 보라고 권했으면 오히려 거부반응이 컸을 것이다. 그런데 부동산이 궁금해 스스로 서점에 가서 책을 사서 읽었던 것이 나에게 동기부여로 작용했다.

책을 읽으면서 자신감을 얻기 시작했다. 스스로 부동산 공부를 하고 부동산 투자를 시작했다. 책이란 존재가 얼마나 대단한 역할을 하고 삶을 바꿔 놓는지 실감하는 순간이었다. 만약 부동산에 관심은 있는데 손쉽게 접할 수 있는 책이 없다면 포기할 수도 있다. 많은 사람들의 말에 휘둘리지 않고 제대로 된 지식을 접하는 것이 무엇보다도 중요한 이유다.

부동산 투자를 하면서 세미나를 듣고 공부를 하기 위해 서울에 자주 가게 되었다. 각 분야의 전문가들도 많이 만나게 되었다. 좋은 사람들과 어울리며 소통하는 일상이 좋았다. 하지만 나는 그런 사람들 앞에 서면 자신감이 없어졌다. 나보다 학벌도 스펙도 좋은 사람들 앞에서 위축되었다. 스스로 당당해지려 해도 마음 한구석에 깔려 있는 자격지심 탓에 말을 많이 하지 않았다.

그러던 어느 날 지인을 통해 〈한책협〉을 알게 되었다. 지인은 〈1일 특강〉 수업에 참석해 보라고 권했다. 어떤 곳인지 궁금해서 〈1일 특강〉을 신청했다. 아직도 그날을 잊지 못한다. 세상에 '이런 곳도 있었구나!'라는 생각이 들게 하는 곳이었다. 나의 모든 생각과 관점을 바꾸어 준 신선한 충격이었다. 특강 내내 열정이 넘치고 희망이 샘솟는 듯했다.

김태광 대표 코치는 누구나 글을 쓸 수 있다고 했다. 학벌도, 스펙도 없고 심지어 책을 잘 읽지 않는 사람들도 다 작가가 될 수 있다고 했다. 그리고 작가가 되게 해 주는 것도 대단한 일인데 책을 내고 부를 창출할 수 있는 시스템까지 완벽하게 갖추고 있었다. 그럼에도 불구하고 '나도 될까? 아무런 지식도 없는데. 다른 사람들은 나보다 뛰어날 거야!'라는 생각이 나의 마음을 지배했다. 하지만 김태광 대표 코치는 책 쓰기에는 "학벌도 스펙도 중요하지 않습니다."라고 단호하게 말했다. 오히려 많이 배운 사람들이 책 쓰기가 더 힘들다고 했다. 그 말에 용기를 내어 새로운 인생에 도전하기로 했다.

〈한책협〉의 7주 〈책 쓰기 과정〉을 밟으며 공동저서 집필까지 마쳤다. 그렇게 해서 개인저서가 나오기도 전에 공저 5권의 저자가 되었다. 얼마 전에는 《나는 월급 150만 원으로 7채 집주인이 되었다》라는, 나의 분신인 개인저서가 탄생했다. 태어나서 최고로 멋진 일을 해낸 것이다. 부동산 투자를 하면서 얻은 경험과 지식을 한 권의 책에다 담았다. 책이 출간되자마자 반응이 뜨거웠다. 독자의 메시지는 물론 전화벨이 수시로 울리기 시작했다.

"여보세요. 김은화 작가입니다."

"안녕하세요. 어머나, 정말 작가님이랑 통화가 되네요."

"작가님 책을 2시간 만에 다 읽고 전화를 하는 거예요. 책을 너무 잘 쓰셨더라고요. 감명 깊게 잘 읽었습니다. 한번 뵙고 싶어요."

책을 출간하고 선생님, 작가님이란 호칭을 듣는다. 처음에는 좀 어색했지만 지금은 너무 좋다. 이런 환경으로 바뀐 것은 오로지 책을 썼기 때문이다. 내 책을 읽고 부동산 투자를 하고 싶어도 어떻게 해야 할지 몰라 망설이던 독자들이 연락을 해 온다. 컨설팅으로 부동산 투자 방향을 잡아 주는 멘토 역할을 하게 된 배경이다. 이를 통해 나는 내가 힘들게 걸어온 길을 많은 사람들이 시행착오를 겪지 않고 걸을 수 있도록 해 주는 메신저로 살아가고 있다.

얼마 전에 30대 A 씨에게 컨설팅을 해 줬다. 우연히 서점에 갔다가 내 책을 보고 연락을 해 온 것이다. A 씨는 종잣돈을 조금 모았다고 한다. 그런데 은행에 넣어 놓자니 이자가 얼마 되지 않아, 소액으로 돈을 불리고 싶다고 했다. 나 역시 예전에 돈을 많이 벌고 싶었지만 어떻게 해야 할지 몰랐다. 그렇게 재테크는 꿈도 꾸지 못한 시절이 있었다. 은행에 적금하는 것밖에 몰랐다. 그러다가 이런저런 일로 모인 돈은 순식간에 사라지곤 했다. 나의 경험을 바탕으로 '부동산 투자는 어떻게 해야 하는지' 다양한 투자처와 방향을 잡아 주었다. 5주 과정을 거치며 실질적인 도움을 주었다.

나는 부동산 임대업을 하다가 지금은 책을 출간하고 완전히 새 삶을 살고 있다. 평범한 일상을 보내던 내가 작가가 되었다. 그저 부동산 투자를 하면서 보통 사람들처럼 살다가 사라질 뻔한 내 인생에 새로운 빛이 들기 시작한 것이다. 성공한 사람들만이 책을 쓴다고 생각했다. 하지만 내 삶 자체가 동기부여가 되고 가치가 있다는 사실을 〈한책협〉에서 깨달았다. 그렇게 나는 나의 스토리, 즉 지식과 경험, 해결책을 제시해 주면서 1인 창업에 성공한 최고의 메신저가 되었다. 나로 인해 많은 사람들의 인생이 바뀔 수 있다는 사실에 너무 행복하고 감사하다. 남에게 도움을 주는 존재로 살면서 경제적인 자유와 시간적 자유까지 누릴 수 있는 삶이 최고라고 생각한다.

책을 쓰고 나서 스스로에게 더 당당해지고 자존감도 높아졌다. 책은 어떠한 스펙보다도 강력하다. 나의 분신인 책이 나를 알리고 나를 홍보한다. 남들에게 입이 아프도록 내 소개를 할 필요가 없다. 이미 나를 만나기 전에 나의 인생이 담긴 스토리를 다 읽고 온 사람들이다. 때문에 신뢰를 가지고 나를 대하게 된다.

책 한 권이 얼마나 대단한 존재인지 깜짝 놀라게 된다. 책을 출간하는 순간 신분상승은 물론이고 많은 사람들에게 인정받는다. 지금은 내가 어디를 가든 작가님, 선생님, 대표님이란 호칭과 함께 사람들이 나를 반겨 주고 대접해 준다. 이 모든 것은 책을 썼기 때문이다. 인생 2막의 문을 제대로 연 것이다.

첫 번째 개인저서를 출간하고 이제 두 번째 개인저서 출간을 기다리고 있다. 처음엔 '내가 책을 쓸 수 있을까'라고 생각했지만 네 달 만에 2권의 책을 집필했다. 내가 직접 다 썼지만 믿기지 않을 정도다. 우리는 잠재의식에 모든 것을 가지고 있다는 것을 느꼈다. 할 수 있다고 생각하고 그대로 믿음으로써 일이 내가 원하는 방향으로 흘러가고 이루어진다는 것을 직접 체험했다. 이 또한 의식 확장과 함께 나의 모든 사고방식을 바꾸어 가는 계기가 되었다.

우리는 각자 자신만의 가치를 지니고 있다. 무한한 가능성이 있음에도 모르고 살아가고 있다. 자신의 경험을 담은 책을 펴내고 강연가, 컨설턴트, 코치로서 세상에 당당하게 자신을 드러내야 한다. 나는 지금 최고의 삶을 살고 있다. 이 책을 읽는 당신도 메신저라는 멋지고 새로운 삶을 선물 받길 바란다.

22

책 쓰기로 새로운 인생 살아가기

김은숙 〈아낌없이주는육아연구소〉 대표, 육아코칭 전문가, 부모 감정코칭 전문 컨설턴트, 자기계발 작가, 동기부여가

〈아낌없이주는육아연구소〉 대표로 집필, 강연, 코칭, 컨설팅, 특강 등을 활발히 진행하고 있다. 서투른 초보엄마도 아이와의 공감과 소통을 통해서 좋은 엄마가 될 수 있다는 자신감과 아낌없이 사랑을 표현하는 방법들을 알려 주는 메신저 역할을 하고 있다. 저서로는 《아낌없이 주는 육아법》, 《버킷리스트 13》, 《또라이들의 전성시대 2, 3》, 《꼭 이루고 싶은 나의 꿈 나의 인생 2》, 《나를 세우는 책 쓰기의 힘》, 《죽기 전에 꼭 이루고 싶은 40가지》가 있다.

- Email dmstnr63311@naver.com
- Blog blog.naver.com/dmstnr63311
- Cafe cafe.naver.com/war031
- C·P 010.8367.0661

나는 작가로서 새로운 삶을 살아가고 있다. 아침이면 스타벅스에서 책과 함께 하루를 시작한다. 작가가 되기 전에는 워킹맘으로서 매일 바쁜 일상을 보냈다. 분위기 있는 커피숍에서 책을 보며 차 한 잔 마실 여유조차 없었다. 내가 열심히 일하고 있을 때 스타벅스에서 여유롭게 차를 마시는 사람들이 너무 부러웠다. 아무리 열심히 살아도 경제적으로나 시간적으로 여유가 없었다. 나는 현재의 삶에서 더 나은 삶을 늘 꿈꾸었다.

불과 1년 전만 해도 나는 작가와 전혀 다른 삶을 살았다. 일과 육아를 하며 20년 넘게 열심히 살아왔다. 하지만 내 삶에 만족하지 않았다. 불안정한 직장생활로 인해 또 다른 직장을 찾아다니며 일했다. 사회에 첫발을 내딛었을 때 내 마음은 설렘과 기대감으로 가득 찼다. 부모님의 도움으로 살아오다 내 힘으로 살아간다는 것이 기쁘기도 하고 두렵기도 했다. 난생처음 사회경험을 하면서 많은 것을 깨달았다. 힘이 들 때는 부모님의 그늘이 엄청 컸다는 것을 느꼈다.

나의 첫 직장인 신협에 입사했다. 설렘과 기대감을 갖고 들어갔던 직장에서 8년가량 근무했다. 하지만 IMF로 인해 직장이 파산하고 말았다. 직장이 파산하면서 직장 동료들과 이별해야 해 마음이 아팠다. 지금 생각하면 정말 힘들었지만 그때 그 시절이 너무 좋았다. 예전에는 전산이 활성화되어 있지 않아 업무를 수기로 보았다. 연말이면 머리를 맞대고 연말마감을 하던 그때가 가끔은 그립다. 업무를 수기로 하다 보니 마감이 잘못되면 전표를 찾고 계산을 하느라 밤을 새우는 날도 있었다.

우리 지점의 공제 실적이 전국에서 2등을 해 중앙회에서 상과 상금도 받았다. 그 상금으로 직원들과 제주도 여행을 간 적도 있었다. 이 모든 것이 첫 직장의 추억으로 남아 있다. 그런데 갑작스런 파산으로 과장님은 한 가정의 가장임에도 일자리를 잃고 말았다. 당장 무엇을 해야 할지 준비도 되지 않은 상태인지라 충격을 받

김은숙

으셨다. 또한 갓 결혼하고 첫 직장에서 열심히 일해 꿈을 이루려던 남자 직원도 당황스러워했다.

우리는 함께하던 직원들과 뿔뿔이 흩어지며 각자의 삶을 위해 또 다른 직장을 찾아 가게 되었다. 그때 느꼈다. 내가 싫어서 자발적으로 나오지 않더라도 회사가 어려워지면 직원들은 직장을 잃게 된다는 것을. 모든 직장인들에게 안전지대란 없다. 아무리 열심히 일하고 싶다고 해도 그럴 수 있는 시대는 이젠 지난 것 같다.

이런 일을 겪으면서 살아가기 위해서는 지금보다 더 나은 직장에 들어가야 한다고만 생각했다. 또 다른 금융기관으로 이직하고 현재의 삶에 충실하려고만 했다.

직장을 다닌다고 해도 두 아이를 키우면서 저축하기란 정말 힘들다. 아이의 양육비뿐만 아니라 매달 들어가는 공과금과 생활비도 만만치 않다. 계획을 잘 세워서 살지 않으면 돈은 어디론가 다 빠져나가 버린다. 많은 직장인들도 나처럼 절약하고 저축해 미래를 준비하려 한다. 정말 어리석은 생각이다. 물가 상승률에 비해서 월급은 턱없이 부족하고 인플레이션을 따라가지 못하기 때문이다. 대출 없이 살아가기란 정말 힘들다.

둘째가 네 살이 되었을 때 육아 문제로 일을 잠시 그만두었다. 육아에만 전념하니 아이들은 너무 좋아했다. 그때 아이들이 하고 싶어 하는 수영도 배우게 했다. 저녁이면 아이들과 체육공원에 가서 인라인스케이트도 가르쳐 주었다. 하지만 아이들을 어린이집, 학교에 보내고 나면 남는 시간이 너무 많았다. 몇 달을 집에서 주부로 지내다 보니 현실 점검에 들어가게 되었다. 집에 있는 시간이 나를 불안하게 했다. 뭔가 다른 일을 찾아야 한다고 생각했다. 미래를 위해서 또 다른 준비를 해야 한다는 것은 알았다. 하지만 어떻게 계획을 세워야 할지 구체적인 방법을 알지 못했다.

나는 현재의 불안을 넘어서 평생을 안정적으로 일할 수 있는 직장을 찾고 싶었다. 많은 사람들도 마찬가지로 안정적인 직업을 원한다. 그래서인지 공무원직은 경쟁도 치열하고 당장에 들어가기도 힘들다. 4차 산업 혁명 시대에 들어서면서 많은 직장인들의 일자리가 위협받고 있다. 시대가 변함에 따라 과거의 직업들이 사라지고 새로운 직업들이 빠르게 생겨나고 있다.

이런 상황에서 새로운 수입원을 찾고 있을 때 플랫폼 비즈니스를 알게 되었다. 자산소득, 즉 인세소득과 상속이 되는 사업이 어쩌면 나에게 멋진 미래가 되어 줄 것이라고 생각했다. 또한 이 일을 하면서 많은 사람들을 만날 수 있고, 그들에게도 밝은 미래로 가는 수단을 전해 줄 수 있어 좋았다. 하지만 자산소득을 만드는 일이라 당장에 큰 수입을 만들어 가기란 힘들었다.

그러던 중 지인을 통해 〈한책협〉을 알게 되었다. 김태광 대표 코치는 이렇게 말한다. 100세 시대를 살아가고 있는 지금 직장에 얽매이지 말고 내 이름 석 자를 알릴 수 있는 퍼스널 브랜딩을 하라고 말이다. 나는 결단하지 않고 어영부영하다가는 인생을 바꿀 수 있는 기회조차도 놓치게 될지 모른다는 생각에 기회를 잡았다. 살면서 평생 책도 제대로 읽지 않고 책 한번 써 보지 않았지만 〈1일 특강〉에 참여하게 되었다.

"성공해서 책을 쓰는 것이 아니라, 책을 써야 성공한다."
"자신이 평범하다고 생각된다면 무조건 책을 써야 한다."
"어떠한 자격증보다도 '저서'라는 스펙이 성공을 위해서 진짜 필요하다."

김태광 대표 코치의 〈1일 특강〉을 들으며 나의 부정적인 의식 사고를 바꾸고 책을 통해서도 의식을 확장시켰다. 나의 고정관념을 깨뜨려 버렸다. 처음 접했을 때 내가 할 수 있는 일이 아니라고 생각했다. 하지만 나의 생각을 바꾸었더니 또 다른 세상이 보이기 시작했다. 책 쓰기가 나의 인생의 터닝 포인트가 되었다.

〈1일 특강〉을 듣는 내내 나의 심장은 두근두근거렸다. 나에게도 또 다른 꿈이 있다는 것을 알았다. 꿈이 시키는 일을 하고 싶어졌다. 하지만 평범하게 살다가 작가가 되겠다고 선언했을 때 주위 사람들의 시선은 따가웠다. 지인들은 작가는 아무나 되냐고 했다. 유명한 사람이나 시인, 교수 등 전문직에 종사하는 사람만이 할 수 있는 일이라고 했다. "뱁새가 황새 쫓아가다 가랑이 찢어진다"고 했다. 현실에 만족하며 살라는 것이었다. 하지만 나는 내가 하고 싶은 일은 꼭 해야 하는 성격이다. 그런 사람들에게 반드시 성공하는 모습을 보여 주고 싶었다.

나의 소중한 꿈을 이루기 위해서 익숙한 것들과 하나씩 결별했다. 만나는 사람들 중에서도 부정적인 사고를 가진 사람들과는 어울리지 않았다. 나에게 도움이 되지 않는 사람들과는 과감히 관계를 끊어야 한다. 성공하기 위해서는 어떤 꿈을 품어도 믿어 주고 응원해 주는 사람들과 어울려야 한다. 나는 원하는 꿈을 이루기 위해서 뒤도 돌아보지 않고 몰입과 집중했다. 아무나 이룰 수 없다는 작가라는 꿈을 이루고 1인 지식 창업까지 했다. 책을 쓰면서 나의 과거를 뒤돌아보는 기회를 가졌고 앞으로 어떻게 살아야 할지 방향도 잡았다. 내가 살아왔던 과거 모습과는 다른 삶을 살아가고 있다.

나는 책 쓰기를 통해서 인생 2막을 준비했다. 책 쓰기가 내 인생에 큰 변화를 일으켰다. 얼마 전 나의 개인저서 《아낌없이 주는 육아법》이 출간되었다. 많은 사랑과 관심을 받고 있다. 현재 네이버 카페 〈아낌없이주는육아연구소〉의 대표를 맡고 있다. 아이와의 공감과 소통을 통해 좋은 엄마가 되는 방법 등 유익한 육아 정보를 전한다. 남을 도와줄 수 있는 삶을 살아간다는 것은 정말 축복이고 행복이다. 앞으로 더 많은 사람들에게 꿈을 심어 주는 최고의 동기부여가로 성장할 것이다.

책 쓰기에 용기가 나지 않는 사람들에게 이런 메시지를 전해 주고 싶다. 모든 사람에게는 잠재력이 있다. 의식이 낮은 사람은 스스로의 잠재력을 발견하지 못한다. 때문에 책 쓰기를 통해 그 잠재력을 발견하고 인생의 터닝 포인트를 찾길 바란다. 누구든지 자신의 경험과 스토리로 책을 써서 변화하는 삶, 많은 사람들에게 선한 영향력을 펼치는 삶을 살아갈 수 있다. 도전하지 않으면 자신의 인생을 바꿀 수 없다. 책 쓰기를 통해 새롭고 가치 있는 삶을 살 수 있다는 용기를 가졌으면 좋겠다.

23

책으로 나의 경험과
노하우를 전하는 메신저 되기

강남성 면역학 전공 약학박사, 〈부자약사코칭협회〉 대표, 약국 경영 성공코치, 약국 개국·경영 컨설턴트,
자기계발 작가

17년간 9개의 약국을 경영해 보면서 총체적인 약국 경영을 몸으로 체감했다. 이후 면역학 전공의 약학박사 학위를 취득했지만
약국 경영에는 학술을 넘어선 다른 것이 필요하다는 것을 알게 되었다. 네이버 카페 '팜 멘토'를 통해 강의와 컨설팅을 하며
약국을 경영하고자 하는 약사들에게 성공하는 약국으로 행복한 삶을 살 수 있도록 지혜와 비법을 나누어 왔다.
저서로는 《버킷리스트 17》이 있다.

· Email richpharm90@naver.com
· Cafe cafe.naver.com/pharmrich
· Instagram richpharm90
· Blog blog.naver.com/richpharm90
· C·P 010.5140.1277
· Kakaotalk richpharm

지금의 삶이 나쁠 것은 없다. 아니, 좋은 편이다. 나는 스물아홉 살의 어린 나이에 병원 하나 없는 곳에서 대형약국을 시작한 이래로 지금까지 9개의 약국을 경영해 보았다. 어떤 약국은 망하기 직전까지 가기도 했고 어떤 약국은 꽤 큰 수익을 내기도 했다. 17년간의 다사다난했던 경험 덕에, 지금의 나는 언제든지 원하는 약국을 개국할 수 있는 내공을 갖췄다. 어느 정도 약국 경영에 대한 실력이 쌓이면서 나는 이제 하루 5시간 이상은 일하지 않는다.

치열하고 아팠던 실패의 경험 덕에 나는 지금 경제적 자유와 시간적 자유를 함께 누릴 수 있는 여유가 생겼다. 눈에 넣어도 아프지 않을 것 같다는 말을 매 순간 실감하게 하는 사랑하는 아들과 딸이 아침마다 진하고 진한 뽀뽀를 날려 준다. 아침이면 벤츠와 BMW 중 어느 차를 탈까 고민하면서 하루를 시작한다. 사 두었던 부동산이 오르고 있다는 소식이 간간이 들려오고 있다. 이 정도면 괜찮은 편이다.

그런데 나의 마음속에는 항상 뭔가 나를 잡아당기는 것 같은 아쉬움이 있었다. 그것은 막연하게나마 책을 써서 내 경험을 알리고 싶다는 것이었다. 사실 박사학위를 위한 논문을 쓰면서 뭔가 '쓰는 일'은 다시는 안 할 것이라고 생각했었다. 수많은 실험들의 결과를 정확한 메커니즘을 예측하면서 증명해 내는 일은 고단하고 힘든 일이었다. 단 한 줄의 결론을 위해 수백 편의 논문을 뒤적거리며 근거를 찾아내는 일은 쉽지 않았다.

그때부터였을까. 글을 써서 하나의 완성품을 만들어 낸다는 것은 높고 높은 장애물의 벽을 넘어야 하는 일로 나에게는 인식되고 있었다. 그 뒤에 바이오 분야의 새로운 기술에 대해 평가하는 기술 평가 보고서를 몇 번 쓰고 나서는 그 생각은 더욱 굳어졌다. 언젠가부터 글쓰기는 어쩌면 다시 하지 말아야 할 일쯤으로 나에게 받아들여지고 있었다.

그랬던 내가 다시 책을 한번 써 보고 싶다고 생각했던 것은 네이버에 약사들의 개국을 도와주는 팜 멘토 카페를 만들고 난 후였다. 막연히 나의 굴곡 많은 약국 경영 경험이 도움이 될 거라고만 생각하고 처음에는 그저 스터디로 시작했던 모임이었다. 그런데 처음에는 6명, 다음에는 8명, 이렇게 스터디에 참여하는 약사들이 늘어 갔다. 그 과정을 통해 나는 생각보다 많은 약사들이 약국 개국에 대해 너무 모르고 있다는 것을 알게 되었다. 개국뿐만이 아니었다. 약국 경영에 대해서도 모르기는 마찬가지였다. 이미 약국을 경영하고 있는 약사들 중에도 마인드의 변화가 절실해 보이는 분들이 많아 보였다.

처음에 스터디로 시작했던 모임은 곧 강의 형태로 바뀌어 갔다. 개국 과정을 궁금해하면서 모여드는 약사들은 늘어났다. 스터디를 진행해 보니 그저 생각나는 대로 서로 이야기를 나누는 것은 별로 도움이 되지 않아 보였다. 그래서 나는 스터디를 세미나 형태의 강의로 바꾸어 갔다. 그것이 약사들에게 개국 과정을 비롯한 약국 경영에 대한 지식을 좀 더 정돈된 형태로 전달하기 좋을 것 같아서였다. 짧지 않은 강의 시간이었지만 나만의 경험에서 나온 진짜 노하우를 열정적으로 성심껏 전달했다.

처음으로 개국을 준비하는 사람들은 마치 스펀지처럼 내 지식을 흡수했다. 한 단계 한 단계 과정을 함께 상의하면서 성공적인 개국으로 달려갔다. 오히려 한두 번 개국의 경험이 있거나 약국 경험이 어느 정도 있는 사람들은 더 오래 걸렸고 더 힘들었다. 아마도 자기 경험에 대한 고집과 내가 전달하고자 하는 바가 부딪치는 경우가 있어서였을 것이다. 과거의 내가 그랬던 것처럼 자신과의 싸움을 먼저 시작해야 하는 사람들은 생각보다 많았다.

놀랍게도 여섯 번 진행되었던 개국 과정을 들은 약사들 중 25명 넘게 수료 후 평균 4개월 안에 약국을 개국했다. 나는 개국한 약사님들의 요청으로 매출 증진을 위한 세미나도 시작했다. 나는 이 세미나가 끝나고 최대 매출이 갱신되었다는 감사의 문자들을 많이 받을 수 있었다. 정말 뿌듯하고 보람 있었다. 약국에서 고객과 만날 때 느낄 수 있는 뿌듯함과는 그 종류가 달랐다. 나는 나의 아팠던 경험들이 누군가에게 도움이 된다는 사실이 이렇게 기쁘다는 것에 놀라워했다.

사실 실패했던 경험을 공유하는 것은 꽤나 창피한 일이다. 사기를 당했던 경험도 그전에는 숨기기에 급급했다. 하지만 다른 사람들은 그런 경험을 하지 않도록 해야겠다는 마음으로 경험을 나누고자 했더니 모든 것이 달라졌다. 사람들은 내가 걱정했던 것처럼 나를 '실패자'로 보지 않았다. 사람들은 나의 경험을 통해서 실패하지 않아야 할 것들을 체크하고 본인들의 성공을 위한 '디딤돌'로 삼았다. 나의 실패가 그들의 디딤돌이 되었다. 이보다 더 의미 있는 실패가 있을까.

강의를 통해 나름 열정적이고 세심하게 경험과 지식을 전달했지만 아쉽고 부족한 부분들이 생겼다. 강의를 들은 사람들도 강의가 끝나고 나서 내용을 다 기억하지 못해서 정작 중요한 현장에서 실수하는 경우들도 생겼다. 그것을 안타까워하는 것은 나 혼자였다. 그때였다. '아무래도 책을 써야 하는 걸까?'라는 마음의 소리가 들려왔다. 그러면서 다른 한편으로는 이런 소리도 들렸다. '겪어 보고도 모르니? 그게 그렇게 쉬운 게 아니야. 박사학위 논문 쓸 때 기억 안 나?'

순간 '맞다. 그 기억을 잊었네'라는 생각이 들었다. 그때 내 눈에 내 앞에서 뛰어다니고 있는 세 살짜리 딸과 다섯 살짜리 아들의 모습이 들어왔다. 결혼하기 전 시간이 넘치던 때도 논문 한 편 쓰는 것은 피를 말리는 일이었다. 그런데 이 정신없는 육아 속에서 내가 집중해서 책을 쓸 수 있는 시간을 내는 것은 현실적으로 불가능해 보였다.

그렇지만 처음 '책을 써야 하나'라는 생각이 들던 그때부터 지금까지, 나는 나의 망설임이 계속 후회되었다. 중긴 중긴 짧게 글을 써 보기도 했지만 이어지지 못했다. 딱히 부족할 것도 없는 지금 온 마음과 영혼을 다해 새로운 어떤 일을 해야 한다는 것은 사실 내게 큰 부담이었다. 하지만 지금의 삶이 어떻든 사람에게는 꿈이 필요한 법이다. 꿈이 없는 삶은 무미건조하다.

아무것도 없는 두 손으로는 뭐든 힘껏 잡을 수 있는 법이다. 하지만 이미 가진 것이 많아서 절대로 놓을 수 없는 어떤 것이 있는 사람에게 새로운 도전은 2배, 3배 부담스럽다. 하지만 하지 않으면 후회할 것 같았다.

세월이 어찌나 빨리 흐르는지. 고민만 하다가 보낸 세월이 수년째다. 사실 늦은 나이란 없다. 늦은 마음만 있을 뿐. 나는 지금이라도 용기를 내어 저질러 보기로 했다. 결과에 연연하지 않고 과정에 의미를 두어야 한다는 뻔한 말이 이번에는 참 큰 도움이 되었다. 새로운 일을 시작하려고 하면서 혹시 길을 잃을까 봐 두렵기도 했다. 하지만 모르는 길이니 잃어버릴 길도 없다고 생각하니 마음이 편해졌다.

막상 책을 쓰고 나니 인생의 목표가 생겼다. 나의 치부였던 흑역사들이 누군가에는 도움이 될 수도 있다는 생각에 살짝 가슴도 뛰었다. 흑역사의 담금질을 통한 나만의 약국 스토리와 경영 방법을 나누고 싶다는 생각이 더욱 강해졌다. 책 쓰기는 나에게 새로운 삶의 이정표를 가리켰다.

나는 이 길을 시작하면서 어쩌면 한순간이나마 여러 사람들의 삶에 도움이 될 수 있을 거라는 막연한 희망과 기대를 갖는다. 책으로 나의 경험과 노하우를 나누려 하는 이 길을 선택하면서 나는 지금 행복하다. 어쩌면 앞으로의 많은 순간들 속에서 내가 정말 '살아 있다는 느낌'을 받을 수 있을 것 같아 더욱 그렇다.

일상이 콘텐츠가 되고,
생각이 메시지가 되는 삶 살기

신상희 SNS 마케팅 코치, 브랜딩 전문가, CS 강의 전문가, 작가, 세일즈 코치, 경력단절 여성 드림코치, 동기부여가

20대에 SNS 마케팅으로 세일즈 8개월 만에 억대 연봉을 달성한 경험이 있다. 많은 사람들이 자신이 가지고 있는 스토리나 콘텐츠를 특별하게 생각하지 못해 좌절하고 포기하는 것을 발견했다. 그래서 SNS로 콘텐츠를 마케팅해 브랜딩에 성공할 수 있도록 교육하고 있다. 〈한국SNS마케팅협회〉를 운영하고 있고, 저서로는 《고객이 스스로 사게 하라》, 《SNS 마케팅이면 충분하다》 등이 있다.

· Email msmkorea12@gmail.com
· Cafe cafe.naver.com/gamemecah
· Instagram shinsanghee2
· Blog blog.naver.com/shinsanghee2
· C · P 010.9651.0963
· Youtube 마케팅여왕TV

대부분의 사람들은 죽기 전에 책 한 권 쓰겠다는 버킷리스트를 가지고 있다. 나의 버킷리스트에도 언젠가 책을 쓰고 싶다는 내용이 있었다. 그 언젠가가 이렇게 빠르게 찾아올지는 꿈에도 생각하지 못했다. 어느 날 나는 〈한책협〉의 김태광 대표 코치를 만났고, 내 생각이 잘못되었다는 것을 알게 되었다.

20대 후반, 경력단절 여성으로 살면서 '나는 이제 어떤 일을 할수 있을까?' 매일 이 생각만 하며 하루를 보냈던 시절이 있다. 삶이 무료했고 계속해서 부정적인 생각을 했다. 그 생각은 '내가 할 수 있는 일은 없을 것 같다'라는, 말도 안 되는 사실을 발견하는 것으로 끝났다.

그런데 우연히 네이버 카페에서 보내온 쪽지를 읽고 갑자기 가슴이 뛰기 시작했다. '성공해서 책을 쓰는 것이 아니라 책을 써야 성공한다'라는 문구를 봤기 때문이다. 지금 당장 책을 써서 작가, 강연가, 코치로서 인생 2막을 시작하라는 내용을 읽고 나는 〈한책협〉 카페에 가입했다. 강한 끌림은 내 마음을 움직였고, 나는 즉시 특강에 참석했다.

특강이 시작된 지 한 시간도 지나지 않아 지금 당장 책을 쓰고 작가가 되어야겠다고 다짐했다. 바로 이거야! 〈책 쓰기 과정〉에 등록하고 나니 인생의 모든 문제가 해결된 듯 가벼운 마음이 들었다. 창원에서 분당까지 왕복 8시간이 넘는 거리를 7주 동안 다니기 위해서는 아이들 둘을 맡겨야 했다. 남편의 지지와 응원이 필요했다. 물론 수입이 없는 상태였기 때문에 금전적인 어려움도 해결해야 했다. 하지만 나는 책 쓰기를 통해 결과적으로 작가가 되었고, 강연가, 코치로 활동할 수 있는 엄청난 기회를 잡았다.

나는 책을 쓰고 난 이후, 많은 변화를 경험했다. 그중에서 가장 큰 변화는 경력단절 여성으로서 바닥이었던 자존감을 회복했다는 것이다. 글을 쓰며 과거의 나를 들여다보아야 했기 때문에 많이 울었다. 열심히만 살았던 시간이 억울하기도 했다. 왜 내 삶은 더 나아지지 않았을까 생각하니 화도 났다. 하지만 내가 경험했던 것, 지혜를 정리하기 시작하면서 나의 스토리가 누군가에게 힘이 될 수 있다는 것을 알게 되었다. 그 과정에서 생겨난 용기와 살아난 자존감은 이제 그 무엇과도 바꿀 수 없다.

〈한책협〉에서 〈책 쓰기 과정〉을 수강하면서 나는 육아우울증을 치유했다. 어떤 병원 의사나 심리치료사도 고칠 수 없었던 우울증을 〈한책협〉, 김태광 대표 코치께서 고쳐 주신 것이다. 지금에 와서 말하지만, 내가 그때 대표 코치를 만나지 않았더라면 지금과 같이 자신감 넘치는 삶을 살지 못했을 것이다. 요즘은 내가 작가가 된 것이 운명처럼 느껴질 때가 많다. '이렇게 알려 주고 싶은 것이 많았을까' 생각될 정도이기 때문이다. 워킹맘, 경력단절 여성, 기업 마케팅 담당자, 자영업자, 직장인 등 많은 독자들로부터 연락을 받는다.

과거에 나는 몇만 원 짜리 화장품을 판매하기 위해 직접 고객을 찾았다. 방문해서는 내 이야기를 들어 주길 바랐다. 하지만 지금은 어떤가? 책을 써서 작가가 되고 강연가가 되자 많은 이들이 나를 먼저 찾는다. 어떻게든 나의 조언을 받기 위해 애쓴다. 이것이야말로 책을 써서 유명해지지 않았다면 있을 수 없는 일이다.

"지금 아이를 키우고 있는데 다시 사회로 나가기 위해 어떤 준비를 해야 할까요?"

"회사에서 마케팅을 담당하고 있는데, 어떤 콘셉트로 SNS 마케팅을 해야 할지 모르겠습니다."

"퇴직을 앞두고 지금 준비한다면, 앞으로 2년 뒤 자동화된 시스템을 구축할 수 있을까요?"

SNS 마케팅을 교육하고 기업과 개인을 브랜딩 해 주는 데 거의 대부분의 시간을 보내고 있는 나에게 가장 많이 오는 카톡, 이메일 내용이다. 그 질문들에 나는 자신 있게 말한다. 개인이 브랜드가 되기 위해 갖추어야 할 마케팅 요소나 기술은 생각보다 어렵지 않다고 말이다.

이러한 질문과 대답은 과거에도 주변 사람들과 많이 나누었던 대화의 일부다. 하지만 그때와 지금, 달라진 것이 있다면 무엇일까? 바로 '수익'이다. 그때는 돈으로 환산하지 못했던 나의 가치를 지금은 책을 썼기 때문에 인정받으며 값을 매길 수 있게 된 것이다. 만약 내가 책을 쓰지 않았더라면, 나는 지금까지도 내가 가진 콘텐츠의 가치를 몰랐을 것이다. 그저 수다를 떠는 식으로 주변인들에게 엄청난 정보, 노하우를 무료로 제공하지 않았을까? 상상하는 것만으로도 피곤해진다.

얼마 전 강연 요청이 들어왔다. 시간당 세 자릿수 강연료를 주겠다는 제안이었다. 하지만 나는 거절했다. 지금 내가 챙겨야 할 새로운 브랜딩 과정의 대표들이 우선순위였기 때문이다. 한 시간 강연을 하면 수익이 늘어나니 좋다. 하지만 나는 내 강의를 듣고 감동하는, 잠시 스치는 사람들보다 정말 자신의 브랜드 가치를 높이고 싶어 찾아온 사람들에게 도움을 주고 싶다. 만약 내가 책을 쓰지 않고 평범한 강사로 활동했다면 절대 포기할 수 없는 강의료였을 것이다.

책을 쓰고 달라진 또 하나는 바로 '가족'이다. 메신저로 활동하며 수익이 늘어나자 나의 꿈과 비전은 더욱 명확해졌다. 나는 더 이상 고향, 창원에 있을 이유가 없다는 생각이 들었다. 남편에게 퇴사를 권유했다. 한 번도 고향땅을 벗어나 살아 본 적이 없는 남편으로서는 당황스러웠을 것이다. 하지만 남편은 나를 믿고 당장 퇴사했다. 아이들에게는 더 좋은 환경으로 이사 간다고 설명했다.

그리고 나는 그날 당장 부동산에 집을 내놓았다. 매매가 이루어지시 않은 상태에서 분당에 월세방을 구했다. 그리고 일주일 만에 이사를 오게 되었다. 주변 사람 모두 놀랐지만, 우리 가족도 놀란 엄청난 변화였다. 30년 넘게 살아온 곳을 떠나 새로운 환경으로 간다는 것이 결코 쉬운 결정은 아니었기 때문이다. 게다가 넓은 집에서 좁은 집으로 간다는 것이 이해되지 않았을 것이다. 하지만 나는 책을 쓰고, 작가, 강연가로 활동하며 번 수익으로 이사 온 지 6개월 만에 새로운 보금자리를 찾아 이사했다. 그리고 앞으로도 더 좋은 환경을 찾아 끊임없이 변화를 시도할 것이다. 한번 생각하면 곧장 실천해야 하는 것이 나의 성격이긴 하다. 하지만 책을 쓰지 않았다면 이렇게 빠른 실천은 어려웠을 것이다.

책을 쓰기 시작하며 내 인생이 변하자 남편은 본인이 하고 싶은 일을 업으로 삼을 수 있게 되었다. 평소 취미로 했던 사진, 영상 작업으로 사업을 시작했다가 실패한 경험이 있다. 그런데 분당으로 이사 온 후 출판사에 취업하게 되었고, 즉시 본인의 재능을 활용할 수 있는 업무를 맡게 되었다. 작가인 아내와 함께 새로운 꿈을 꾸기 시작한 것이다. 지금은 남편도 공저를 출간하며, 자신의 커리어를 더 높일 수 있도록 노력 중이다.

과거에 우리는 행복했지만 서로 바라보는 방향이 달랐기 때문에 나눌 것이 그리 많지 않았다. 그런데 지금은 틈만 나면 서로의 꿈과 바람을 묻고 앞으로의 비전을 상상한다. 남편은 지금까지 많은 시행착오가 있었을 텐데 포기하지 않고 우리 가족을 이끌어 준 나에게 고맙다고 한다. 이제라도 함께 꿈꾸는 꿈 부부가 된 것이 감사하고 행복한 것이다.

성공해서 책을 쓰는 것이 아니라 책을 써야 성공한다. 어떻게 하면 성공할 수 있는지 고민하지 말고 지금 당장 책부터 쓰자. 나의 일상이 콘텐츠가 되고, 나의 생각이 메시지가 된다. 내가 경력단절을 경험하며 겪었던 육아우울증을 책 쓰기로 극복한 것처럼 당신도 할 수 있다.

　이제 더 이상 나의 경험과 지혜를 무료 봉사할 필요도 없다. 어떻게든 나의 경험과 지혜를 사기 위해 사람들은 줄을 설 것이다. 그 사람들에게 나의 재능을 팔자. 우리 모두 지금의 위치에서 책을 쓰고 작가가 되어 강연가로서 많은 수익을 만들어 낼 자격이 있다. 언제까지 남의 책만 읽으며 독자로 살 것인가. 지금 당장 책을 쓰고 인생 2막을 시작해 보자.

내
인
생
을
바
꾼
책
쓰
기
의
힘

25 - 31

손성호 김빛추 포민정 김은자

오성숙 최민정 김석준

25

독자에서 저자로 나아가는
책 쓰기의 기쁨 누리기

손성호 수능 영어강사, 독서경영 코치, 시간경영 컨설턴트, '마인드 골프' 시간경영법 창안자

영어를 매개로 청소년들이 잠재능력과 꿈을 펼칠 수 있도록 돕는 공부 코치이자 청소년 멘토로 일하고 있다. 사람들이 자신의 무한한 잠재능력을 개발하고 행복한 성공을 누릴 수 있도록, 지식과 경험과 노하우를 전해 주는 자기경영 코치를 꿈꾼다. 저서로는 《되고 싶고 하고 싶고 갖고 싶은 47가지》, 《인생을 바꾸는 감사일기의 힘》, 《나는 책쓰기로 당당하게 사는 법을 배웠다》, 《꼭 이루고 싶은 나의 꿈 나의 인생》, 《또라이들의 전성시대 3》, 《죽기 전에 꼭 이루고 싶은 40가지》, 《나를 세우는 책 쓰기의 힘》, 《책을 쓴 후 내 인생이 달라졌다 2》 등이 있으며, 현재 독서경영과 시간경영을 주제로 개인저서를 집필 중이다.

• Email sshope2020@naver.com　　　　　• Blog blog.naver.com/sshope2020

2018년 7월 나의 열 번째 책 《책을 쓴 후 내 인생이 달라졌다 2》가 출간되었을 때의 기쁨과 감격은 이루 형언할 수 없을 정도로 컸다. 드디어 두 자릿수 책을 쓴 작가가 되었기 때문이다. 나는 2016년까지는 단 한 권의 책도 쓰지 못했다. 그러다가 2017년 1월 첫 번째 책을 쓴 후 18개월 만에 두 자릿수의 저서를 가지게 되었다. 놀라운 변화였다.

나는 책 쓰기 혁명을 통해 내 인생을 혁명적으로 바꾸고 있다. 나에게 있어 책 쓰기는 독자에서 저자로 나아가는 자기혁명이다.

나는 그동안 인문학과 자기계발서 및 성공학 관련 서적 등 수많은 책을 읽었다. 그러면서 책 내용을 머릿속에 주입해 왔다. 남이 쓴 책을 읽어 주는 수동적인 독자로서만 머물러 왔던 것이다.

이제는 독자들에게 내 지식과 경험을 들려주는 능동적인 사람으로 거듭나기 위해 책을 생산하는 책 쓰기 혁명을 하고 있다. 책의 소비자에서 생산자로 전환한다는 점에서 볼 때, 책 쓰기는 내 인생의 자기혁명이다.

나는 독서경영을 통해 많은 책을 읽고 세상을 폭넓게, 그리고 정확하게 받아들일 수 있었다. 이것이 차고 넘쳐 이제 책으로 쓸 수 있게 되었다. 그동안 독서경영을 통해 책을 소비해 왔다면 이제는 책 쓰기 경영을 통해 책의 생산자로 전환하고 있다. 나는 2016년에는 단 한 권의 책도 쓰지 못했다. 그랬던 내가 2017년에 7권의 책을 쓰고, 2018년 상반기까지 3권을 더 써서 두 자릿수의 책을 가진 서사가 되었다. 생존 독서에서 생존 책 쓰기로 획기적으로 전환한 것이다.

이것이 가능했던 것은 〈한책협〉의 〈책 쓰기 과정〉 교육을 이수했기 때문이다. 이 교육에 참여하기로 결정한 것은 신의 한 수였고, 나의 인생을 획기적으로 바꾼 전환점이 되었다. 독서경영에만 머물러 있어서 별반 존재감이 없었던 내가 2017년부터는 책 쓰기를 통해 세상과 소통하면서 존재감을 갖게 되었다.

나에게 있어 책 쓰기는 자기계발의 종결판이다. 나는 〈한책협〉의 〈책 쓰기 과정〉 교육을 통해 평생 써먹을 수 있는 책 쓰기 기술을 배웠다. 그리고 책 쓰기가 자기계발의 종결판임을 깨달았다. 기존의 자기계발이 재래식 무기라면, 책 쓰기는 자기계발의 핵무기라는 사실을 말이다.

무한한 가능성을 열어 주는 책 쓰기는 인생을 바꾸어 주는 최고의 자기계발이다. 나는 기존의 자기계발에 더해, 새롭게 책 쓰기를 통해 나의 무한한 잠재능력을 개발하는 데 박차를 가하고 있다. 이것이 내가 책을 쓴 후 가장 놀랍게 체험하고 있는 핵심적인 변화다. 나는 《꼭 이루고 싶은 나의 꿈 나의 인생 2》에서 나의 무한한 잠재능력을 개발하겠다는 꿈을 담대하게 펼쳤다.

책 쓰기는 나에게 이전보다 더 많은 행복을 가져다준다. 나는 《인생을 바꾸는 감사일기의 힘》을 쓰면서 감사하는 마음의 소중함을 한층 더 깊이 느낄 수 있었다. 이러한 느낌은 책을 쓰지 않았더라면 체험하기 힘들었을 뻔했던 소중한 경험으로 남아 있다. 감사일기가 내 인생에 가져온 변화를 쓰면서 행복감이 더 한층 커짐을 느낄 수 있었다. 또한 어떠한 책을 쓰더라도 책을 쓰는 과정 그 자체가 행복한 일이라고 생각한다. 내가 쓴 책이 누군가의 인생을 바꿔 놓을 수 있다고 생각하면 행복하고 설레기 때문이다.

책 쓰기는 나의 자존감을 높여 준다. 책이 출간되어 나왔을 때 이루 말할 수 없는 벅찬 감격과 희열과 기쁨을 느낄 수 있었다. 책이 나온 후, 내가 나 스스로 생각하는 것보다 더 멋지고 가치 있고 특별한 존재라는 것을 깨닫게 되었다. 책을 쓰면 국립중앙도서관에 1,000년 동안 보존된다고 한다. 세상을 살면서 경험한 나의 스토리가 서기 3000년 사람들에게도 전해진다니 책을 쓴다는 것은 정말 엄청난 가치가 있는 일이다. 한마디로 나는 책 쓰기를 하면서 자존감이 더 한층 높아지게 되었고, 당당하게 살 수 있는 힘을 가지게 되었다. 《나는 책쓰기로 당당하게 사는 법을 배웠다》에서 나는 이렇게 책 쓰기로 당당해진 내 인생을 진술하게 이야기했다.

책 쓰기는 나의 꿈을 향한 여정이다. 나의 꿈을 이루기 위한 여정 속에서 이러한 책 쓰기를 실천하면, 마음이 뿌듯해지고 행복해진다. 나는 《꼭 이루고 싶은 나의 꿈 나의 인생》에서 세계 최초의 자기경영시스템을 세상에 내놓을 것이라는 꿈을 적었다. 나는 지금까지 세상에 없던 자기경영시스템을 내놓아 인류를 더 윤택하게 하고 세상 사람들을 더 행복하게 하는 데 기여할 것이다. 나는 책에서 사람들이 인생의 권태를 느끼지 않고, 더 많은 재미와 흥미와 의미를 가지고 더 활기차고 희망차게 인생을 살 수 있도록 할 것이라는 이야기를 들려주었다.

책 쓰기는 나를 창의적인 인재로 거듭나게 한다. 독서경영을 통해 나는 폭넓게 새로운 지식을 받아들이고 나의 경험과 접목해 새로운 창의적 통찰력을 얻을 수 있었다. 이러한 깨달음을 책 쓰기를 통해 세상과 소통하려 하니 더욱더 새로운 창의력이 생겨나는 것을 느낀다. 나는《또라이들의 전성시대 2》에서 창조적 또라이가 되어 21세기 감성 창조시대의 한가운데 우뚝 선 나의 모습을 그렸다. 나는 멘탈 스포츠인 골프와 자기계발을 접목해 '마인드 골프', '15분 시간경영법', '1주년 시간경영법'을 창안했다. 그리고 이것들을 매일매일 실행하고 있으니 그야말로 나는 창조적 또라이라 할 수 있다. 나는 책 쓰기를 통해 점점 창의적으로 변해 가고 있다. 그리고 이러한 변화는 점점 많은 책을 쓰는 원동력이 되고 있다.

나는 독서경영과 시간경영에 관한 개인저서를 집필하고 있다. 독서로 꿈꾸고 시간 무대에서 행복을 경영하는 방법에 관한 책을 쓰고 있다. 수많은 책을 읽으며 내가 어떻게 생활에 적용하고 실천해 왔는지, 독서를 통해 어떻게 꿈을 경영할 수 있는지에 관해 쓰고 있다. 또한 독서경영 비법을 시간이라는 무대에서 실행하고 평가하는 세계 최초의 시간경영시스템을 소개해 시간 속에서 행복을 경영하는 노하우를 전하는 책을 쓰고 있다.

나는 내가 가진 가치를 잘 알고 있다. 오직 나만이 가지고 있는 경험과 지식과 스토리를 책으로 써서 나를 우리나라와 세계에 알릴 것이다. 내 책을 읽은 사람들의 인생이 달라진다면 내가 책을 펴내는 일은 그 자체로 사회에 공헌하는 일이 될 것이다. 나만의 지식과 경험이 녹아 있는 책을 낸다고 생각하니 마음이 벅차오른다.

책이 출간되어 자기계발 작가, 독서경영 코치, 시간경영 컨설턴트, 행복 메신저, 강연가, 칼럼니스트, 동기부여가로서 멋진 삶을 펼쳐 나가는 모습을 상상하는 것은 참으로 즐겁고 행복한 일이다.

책 쓰기는 내 가슴을 뛰게 하고 생활에 활력을 가져다준다. 책 쓰기는 나의 생활과 인생을 윤택하게 바꾸어 놓았다. 책 쓰기를 결심하기 이전과는 비교할 수 없을 정도로 에너지가 넘치고 활기찬 생활을 이끌어 갈 수 있게 되었다. 마인드가 더욱 긍정적으로 바뀌게 되었다. 책 쓰기가 가져다줄 밝은 미래를 생각하면 저절로 신바람이 난다. 시간을 허투루 쓰지 않고 꿈과 목표를 향해 더 나아갈 수 있게 되었다.

매일 이른 아침, 나는 책 쓰는 시간을 정해 놓고 나만의 책 쓰기 의식을 거행한다. 나는 《미라클모닝》과 《아침 글쓰기의 힘》이라는 책을 읽고 〈기적의 아침 습관 프로젝트〉를 만들어 실천하고 있다. 그런데 책 쓰기 시간이 이 프로젝트에 포함되어 있다. 나에게 가장 영감이 잘 떠오르는 시간이 아침시간임을 깨닫고, 이러한 습관을 유지해 오고 있다. 나의 꿈을 이루기 위한 여정 속에서 이러한 책 쓰기를 실천하면 마음이 뿌듯해지고 행복해진다. 가장 중요한 일을 아침에 하고 있다고 생각하면 하루가 유쾌하고 활기차게 전개된다. 나의 책이 출간되고 펼쳐질 무한한 가능성을 상상하면 너무나 마음이 설렌다.

내 책으로 독자들 마음에
빛을 보내 치유하기

김빛추 파초 대표, 함평 톰쉘 영어 캠프 대표, 치유 예술가, 수기 치유 컨설턴트, 명상 아로마 전문 마사지 치유사, 시아추(호흡명상지압) 전문가, 청소년·몰입 말하기 치유 영어 전문가, 치유 강연가

치유의 힘으로 개개인이 성장하고 행복할 수 있도록 돕는 1인 치유 예술 기업 '파초'를 운영하고 있다. 저서로는 《마음을 내 편으로 만드는 법》, 《버킷리스트 14》, 《또라이들의 전성시대 3》, 《죽기 전에 꼭 하고 싶은 40가지》, 《책을 쓴 후 내 인생이 달라졌다》가 있다.

• Email amazoness66@naver.com   • Blog blog.naver.com/amazoness66
• C·P 010.2393.2171

나의 개인저서인 《마음을 내 편으로 만드는 법》이 2주간의 예약 판매 기간을 거쳐 2018년 8월 14일 드디어 세상에 모습을 드러냈다. 8월 15일 광복절을 맞이하기 하루 전이다. 이 날짜는 출판사와의 협업으로 가능했다. 나는 출판사에 나의 책의 출간일을 광복절에 맞추어 주기를 요청했다. 《마음을 내 편으로 만드는 법》은, 스스로 광복해야-빛을 회복해야-자주 독립과 행복이 가능하다는 메시지를 담고 있기 때문이었다.

우리나라의 광복절을 맞이할 때마다 나는 스스로 이렇게 묻곤 했다.

"우리 민족은 1945년 8월 15일 일제 치하로부터 광복했다. 그렇지만 지금의 우리의 모습은 과연 자주 독립을 한 것일까? 독립은 했는데, 정말 자주(自主)적인 국민일까? 그리고 나는 자주적인 인간일까?"

스스로 주인이 되기 위해서는 내 안에 힘이 있어야 한다. 나를 나답게 서게 하는 힘! 그리고 국가는 스스로 자신답게 서는 국민이 많아질 때 자주 독립 국가가 된다.

책이 세상에 얼굴을 내민 바로 그다음 날부터 독자들의 소감이 문자로 도착했다. 가깝게는 제자들로부터 시작되었다.

"책을 다 읽고 깊게 느낀 점은, 제가 선생님의 제자인 것이 정말 기쁘다는 거예요. 선생님이 뿌리내려 주신 정신력, 열정으로 더 넓은 세계로 나아가게 된 점에 감사드려요. 선생님께서 키우신 제자들이 이젠 선생님의 등불이 되어 드릴 차례 같아요!"

예순 살이 넘은 한 지인은 "오늘 나는 새삼 내 미래 지표를 세우려 한다. 이제 앞으로는 진정한 나를 위한 삶으로 '행복'한 나를 찾아보려 한다."라고 카카오톡으로 다짐을 보내왔다. 자신을 찾을 수 있는 용기를 주어서 고맙다고 전해 왔다. 내가 알지 못하는 독자분들은 자신의 이름을 소개하며 소감을 글로 적어 보내 주었다. 정말 내가 독자에서 저자로 거듭났다는 것을 실감할 수 있었다.

내가 예상했던 것보다 독자들은 많이 열려 있었다. 나는 이 책을 쓰는 초기에 '과연 한국에서 나의 삶이 담긴 이 책에 공감해 주는 독자가 얼마나 있을까?'라고 생각했다. 그래서인지 원고의 속도가 나지 않았다. 그렇지만 책을 써 나가는 시간 동안 나에게는 나다울 수 있는 힘이 더 생기고 있었다. 세상에서는 받아들여지지 않았지만, 인생의 한때에 나답기 위해 해 온 경험들이 지금의 나를 세우는 기초가 되었음을 알 수 있었다. 그리고 그 경험을 독자들도 이해하고 공감해 주었다. 나와는 다른 모양일 수 있지만, 자신들의 삶에서 겹치는 한 과정으로.

그러나 나의 글의 일부가 어떤 독자에게는 왜곡되어 받아들여지기도 했다. 그런 내용의 문자도 받아야 했다. 어느 정도 예상은 하고 있었다.

한 인간이 세상에 던져진다. 그것도 분단된 대한민국에 태어난다. 난 그 분단의 여파가 어떻게 한 인간의 삶에 그리고 여자의 삶에 영향을 미치는지 가감 없이 적었다. 그러다 보니 원고가 거칠었다. 출판사와 계약 후 보완 교정의 과정을 거쳤다. 그 시간 속에 나의 거친 원고가 보다 순화되어 《마음을 내 편으로 만드는 법》이란 책이 출간되었다.

그럼에도 불구하고 책 속의 사례가 되어 준 지인이 한 인간으로서 겪어 온 삶의 굴곡을, 여자이기 때문에 더 민감하게 받아들여지는 현실의 벽과 아픔과 슬픔을 뼈저리게 느껴야 했다. 나도 순간 휘청했다. 그렇지만 곧 나의 마음을 추스를 수 있었다. 책을 쓴 후 더 단단해진 나의 내면을 확인하는 순간이었다.

우리는 살면서 상대방의 감정에 한 번씩 휘둘리는 경향이 있다. 특히 그 상대방이 나와 어느 정도의 시간 속에 인연을 주고받으며 교류해 온 경우라면. 심지어 죄의식을 느끼는 경우도 있다. 상대방이 고의로 그런 죄의식을 심어 주기도 한다. 또한 고의는 아니더라도 자신의 현재 상황에 대한 불만을 상대방에게 돌리는 경우도 있다. 우리말에 "잘되면 내 탓, 못 되면 조상 탓"이라는 말이 있다. 우리 내면의 성숙하지 못한 한 면을 잘 드러내는 속담이다.

한 편의 글로도 자신의 이런 내면을 들여다보고 무엇이 원인인지 숙고해 들어갈 수 있다. 하물며 한 권의 책을 내는 과정이란…. 한 권의 책을 출간할 때쯤 되면, 다시 읽고 교정하는 수많은 반복 작업을 통해 감정의 원인뿐만 아니라 자신만의 해결책을 쥐게 된다.

우리는 세상을 살아가면서 자신을 자신답게 만드는 무기를 가져야 한다. 살아오면서 나에게는 몇 가지의 무기가 있었다. 20대의 무기는 시(詩)와 산(山)과 무(無)였다. 30대에는 요가와 참선 명상, 명상 치유 마사지였다. 40대에는 일에의 몰입이었다. 그 일의 한 가운데에는 마음을 교류하는 제자들과 학부모님들이 있었다. 나의 명상 치유 마사지의 진가를 인정해 주는 소수의 고객들이 있었다. 50대에 들어서면서 책 쓰기를 시작했는데, 그것이 무기가 될 줄은 당시에는 몰랐다.

'있는 그대로'의 나를 들여다보고 누에고치에서 명주실을 뽑아내듯 한 권의 책을 쓰고, 출간하는 것은 그야말로 나를 담금질하는 시간이었다. 그러고 나서도 세상에 민낯을 드러내야 한다. 그야말로 한 권의 책 쓰기는 세상의 각양각색의 마음들 앞에 벌거벗은 채 서는 담대함을 가져야 하는 일이다. 하지만 그 과정 속에 나는 더 강해지고 있었다. 나는 책 쓰기로 이처럼 내면은 더 강해지지만, 외면은 부드러워지는 외유내강(外柔內剛)의 힘을 가지게 되었다.

책 쓰기를 통한 이런 내면의 변화와 더불어, 책 출간 후 내가 준비하는 기업의 외형이 갖추어지는 희망을 보았다. 2001년 나는 대한민국의 정서를 치유하겠다는 사명을 가지고 호주에서 한국으로 돌아왔다. 몸과 마음과 영혼의 조화로 회귀하는 방법인 명상 치유 마사지를 가지고 돌아왔다. 그러나 몸을 터부시하는 우리나라 사람들의 일반 정서에는 마사지라는 말을 꺼내는 것 자체가 의심을 받던 시기였다. 시기적으로도 일렀고, 나 자신도 준비가 다 되어 있지 않았다. 그렇기 때문에 명상 치유 마사지 일은 넓게 성사될 수 없었을 것이다. 대신 영어학원을 운영하며 학생들과의 소통 속에 치유가 스며들게 되었다.

공저 《버킷리스트 14》에서 밝힌, 치유와 연관된 나의 소망을 읽고 나이 지긋하신 독자 한 분이 명상 마사지를 배우고 싶다고 메일을 보내왔다. 개인저서 《마음을 내 편으로 만드는 법》에 좀 더 심도 깊게 녹아 있는 치유에 대한 나의 글에 다른 독자분은 다음과 같은 문자를 보내왔다.

"좋은 책 잘 읽었습니다. 마음을 내 편으로 만든다는 게 참 어렵지만 성공할 수 있는 길이란 걸 알게 되었습니다. 작가님의 오랜 수련과정이 좋은 글을 만들게 한 것 같습니다. 저도 배우고 싶습니다."

나에게 명상 마사지는 정말 나를 추스르는 수련이었다. 이제 그 마음을 독자가 이해하고 자연스럽게 '수련과정'이란 단어를 써 주시는 것을 보고 정말 감회가 밀려왔다. "와! 이건 도(道)다." 1997년 말, 한국을 잠깐 방문해 엄마에게 명상 지압을 해 주었을 때 엄마 입에서 그냥 흘러나온 말이다. 나의 마사지를 받고 자신의 상태가 어떻게 긍정적으로 변하는지 알고 있는 엄마였다. 그 엄마마저도 내가 2001년 한국에 돌아와 마사지 일을 하겠다고 하니 어이없어 하셨다. "하고 많은 일 중에 왜 퇴폐적인 일을 하려고 하느냐?" 하시며 이해할 수 없는 딸을 이해해 보려고 점까지 보러 가셨다.

그런데 개인저서가 세상에 나간 지 하루 만에 내가 받은 독자들의 다양한 반응에 나를 다시 들여다본다. 나의 책은 그대로인데 받아들이는 독자들의 마음에 따라 독자들의 마음은 빛이 되기도 하고 어둠이 되기도 한다. 그 독자들의 마음에 나도 덩달아 하루 만에 빛과 어둠을 왕복한다.

나는 다시 생각한다. 나를 나답게 서게 하는 힘을. 그리고 나 스스로 빛을 회복하기 위한 방법으로 명상을 한다. 그러면서 혹시라도 내 책으로 인해 어두워지는 독자들에게 빛을 보낸다. 그리고 그 빛을 더 확고히 하기 위해 지금 다시 이 글을 쓴다.

27

사람들이 스토리 인생을
살도록 응원하기

포민정 〈한책협〉 수석코치, 자기계발 작가, 동기부여가

〈한책협〉 수석코치로 책을 쓰고 작가, 코치, 강연가를 넘어 1인 기업가를 준비하는 사람들에게 〈하루 만에 끝내는 1인 창업 수업〉을 강의하고 있다. 또한 1인 창업 코치로서 온라인 카페를 통해 수익을 창출할 수 있는 방법을 코칭하고 있다. 저서로는 《책을 쓴 후 내 인생이 달라졌다》, 《나를 세우는 책 쓰기의 힘》, 《또라이들의 전성시대 3》 등이 있다.

· Email vhalsrhkd@naver.com   · C · P 010.2490.1603

2015년 겨울 나는 신림동의 5평짜리 원룸에서 살고 있었다. 당시 지과위생사로서 치과에서 '나를 만난 사람들이 치아와 잇몸을 건강하게 관리하며 더 나은 삶을 살 수 있도록 도와주겠다'라는 사명감을 가지고 일했다.

4년 동안 대학교에서 열심히 공부해 나름 좋은 성적을 받았다. 그러곤 국가고시 필기, 실기 시험에 합격해서 보건복지부 장관의 면허를 받아 치과위생사가 되었다. 나는 누군가의 삶을 달라지게 할 수 있다는 것이 행복했고 뿌듯했다. 실제로 구강관리라는 인식이 없던 환자들이 나를 만나 잇몸을 관리하는 방법을 배우고 치주질환과 충치를 예방할 수 있는 관리법을 적용할 수 있게 되었다. 그렇게 변화하는 모습을 보며 뿌듯했다. 하지만 열심히 일했음에도 내 마음속에는 항상 공허함이 있었다.

분명 남들보다 열심히 살고는 있지만 내 삶은 남들과 전혀 다르지 않았기 때문이다. '특별한 삶을 살고 싶다', '성공하고 싶다'라는 열망이 항상 마음속에 있었다. 주말이면 동기와 함께 각종 세미나를 다니며 공부하고, 퇴근하고 집에 오면 자격증 공부를 했다. 계속해서 공부하면 삶이 조금 더 나아질 수 있을 거라는 생각 때문이었다.

하루는 집에서 대학교 때 배웠던 전공서적을 펼쳐 놓고 공부하고 있었다. 그러다 잠깐 책장을 봤는데 한 권의 책이 눈에 들어왔다. 추석 때 직장에서 선물 받은 책이었다. 1인 창업에 대한 책이었는데 저자가 치과위생사였다. 그래서 더욱 친근한 마음으로 책을 읽게 되었다. 책 속에 '책 쓰는 방법'과 성공하는 법을 알려 준다는 '김태광 작가'의 이야기가 나왔다.

책을 읽던 중 나는 포털사이트에 '김태광 작가'를 검색하게 되었다. 검색하니 홈페이지가 나왔고 이메일 주소가 있었다. 성공하는 방법에 대해 알고 싶었던 나는 그 자리에서 김태광 작가에게 이메일을 보냈다.

'안녕하세요. 관악구에 있는 치과에서 일하는 치과위생사 포민 정입니다. 책을 읽다 김태광 선생님의 〈마음경영연구소〉에 대해 알게 되었습니다. 저 또한 성공을 위한 자기계발 프로그램을 배워 보고 싶어 이렇게 문의하게 되었습니다. 일반인을 위한 아카데미는 어떻게 운영되며, 일정과 비용을 알고 싶어 문의드립니다.'

이메일을 보내고 답장을 기다렸다. 나는 정말 변화하고 싶었고 성공하고 싶었다. 2시간이 조금 지나서 바로 답장이 왔다. '네이버 카페 〈한책협〉으로 초대합니다'라는 답이었다. 바로 카페를 찾아서 가입했고 2015년 11월 22일 책 쓰기 〈1일 특강〉에 등록했다. 김태광 대표 코치의 특강을 듣고 책 쓰기가 나의 인생을 백팔십도로 바꿔 줄 것이라는 확신이 들었다. 28기 〈책 쓰기 과정〉에 등록하고 책을 쓰기로 결심했다. 그때의 결심을 시작으로 나는 책 쓰기 수업을 비롯해 〈한책협〉의 모든 과정을 이수했다. 그리고 〈한책협〉의 스태프로 입사하는 특별한 기회를 갖게 되었다. 현재는 스물여덟 살 나이에 17권의 책을 출간한 저자가 되었고 〈한책협〉의 유일한 20대 수석코치다.

2015년도에 처음 〈한책협〉을 만났고 지금은 〈한책협〉과 함께한 지 3년이 되어 간다. 3년 전에 비해 지금 나는 엄청난 변화를 경험하고 있다. 3년 전 나는 5평짜리 원룸에서 여동생과 함께 180만 원의 월급으로 한달살이를 했다. 그러나 지금 나는 20평대 복층 오피스텔에서 살며 벤츠의 오너가 되었다. 20대에 연봉 7,000만 원가량 벌고 있으며 한 달에도 여러 번 통장으로 돈이 들어온다. 명품옷과 신발, 가방, 시계를 차고 만나는 사람들도 백팔십도로 달라졌다. 불평불만을 입에 달고 일하는 직장 동료가 아닌 책을 쓰고 작가, 코치, 강연가로서 꿈을 향해 나아가는 사람들만 만난다. 그들과 함께 건설적인 이야기를 하며 하루를 보낸다. 3년 전과 비교해 지금 가장 많이 변한 것은 바로 돈에 대한 생각, 성공에 대한 생각이다.

나는 자라 오면서 돈에 대한 부정적인 이야기를 많이 들었었다. 돈을 따라가는 것은 나쁜 것이고, 돈은 무조건 아껴야 하는 것으로 생각했다. '돈을 좋아하면 속물이다', '돈을 따르다 보면 망한다', '세상에는 돈보다 소중한 것이 많다', '돈은 무조건 아껴야 한다'라는 사고를 가지고 있었다. 돈이 많은 사람은 나쁜 사람이라는 인식, 돈으로 해결하려는 것은 안 좋은 것이라는 생각을 가지고 있었다.

하지만 지금은 "돈으로 해결할 수 있다는 건 축복이다."라는 말에 적극적으로 공감하며 돈에 고마운 마음을 가지고 있다. '돈으로 해결할 수 있다는 건 축복이다'라는 말을 처음 들었을 때 돈에 대한 관점이 백팔십도로 달라졌다. 돈에 대해 감사하다는 생각, 고맙다는 생각이 들기 시작했다. 돈이 있으면 많은 것들을 해결할 수 있기 때문이다. 많은 사람들이 하고 있는 걱정의 대부분이 돈 때문이기 때문이다.

돈이 있으면 사랑하는 사람들에게 사 주고 싶은 걸 마음껏 사 줄 수 있다. 가족들과 식사를 할 때도 가격을 따지며 머릿속으로 계산하지 않고 먹고 싶은 걸 마음껏 주문해서 먹을 수 있다. 사고 싶은 자동차가 있으면 고민 없이 살 수 있고, 자동차 보험 만기일이 다가와도 보험금을 걱정하지 않아도 된다. 가지고 싶은 명품이 있으면 돈 걱정 안 하고 사면 된다. 감사한 사람들에게 해 주고 싶은 선물도 마음껏 사 줄 수 있다. 통장 잔고를 확인하고 거기에 맞춰서 최저가로 장을 볼 필요도 없다. 그러니 가격을 비교하고 알아보는 시간도 아낄 수 있고 마음도 편안해지고 자유로워진다. 돈이 있으면 많은 사소한 걱정들이 사라지는 것이다.

세상에는 아름다운 것들이 너무나도 많다. 명품 매장에는 계속해서 새로운 디자인의 신상품이 쏟아진다. 또한 여행해야 할 아름다운 곳들은 얼마나 많은가. 전 세계에는 아름다운 여행지와 멋진 호텔들이 정말 많다. 돈이 있다면 이 아름다운 것들을 모두 내가 원할 때 원하는 만큼 누릴 수 있다.

예전에는 명품 매장을 지나갈 때 나는 가까이할 수 없는 곳이라고 생각했다. 그래서 당연히 들어가 본 적도 없었다. 그런데 지금은 명품 매장을 드나드는 것이 자연스럽다. 외제차로 출퇴근하고 언제든 원하는 시간에 드라이브하는 것이 일상이다.

20대 초반까지 내가 아는 성공의 길은 딱 하나였다. 좋은 대학에 가고 스펙을 쌓아서 대기업에 취직하고 높은 연봉을 받는 것. 그게 내가 아는 유일한 성공이었다. 그 외에 다른 직업을 가진 사람을 만나거나 본 적이 없었기 때문이다. 그래서 의사, 변호사, 이런 '사'자 들어가는 직업을 가진 사람은 성공과 부를 가진 사람이라고 생각했다. 하지만 나는 〈한책협〉에서 김태광 대표 코치의 강의를 듣고 많은 사람들이 책을 쓰고 작가, 코치, 강연가가 되어 자신의 경험을 돈으로 바꾸는 것을 보았다. 그러면서 '진짜 성공은 이런 것이구나'라고 느끼게 되었다.

나의 경험과 깨달음이 누군가에게는 정말 필요한 것일 수 있다. 나의 이야기를 듣고 상대방은 시행착오를 줄이고 더 빠른 시간에 원하는 것을 얻을 수 있다. 책으로 자신의 스토리를 들려줌으로써 누군가의 마음속 상처를 치유해 줄 수도 있다.

〈한책협〉의 김태광 대표 코치는 6년 동안 수백 군데의 출판사로부터 원고를 거절당하고 혼자서 맨땅에서부터 책 쓰기를 배워 작가가 되었다. 현재는 16권의 교과서에 글이 수록되어 있다. 그리고 22년 동안 200여 권의 책을 펴냈다. 그 경험과 노하우를 바탕으로 작가가 되고 싶어 하는 사람들에게 출판 트렌드에 맞는 콘셉트를 잡아 주고 빠르게 책을 쓸 수 있는 방법을 알려 준다. 그 결과 김태광 대표 코치에게 책 쓰기를 배우는 사람들은 7주 〈책 쓰기 과정〉 중에 원고를 완성해서 출판사와 계약하기도 한다. 단 2개월 만에 책을 출간한 작가가 되는 것이다. 이는 경험과 지식을 나누고 작가가 되고 싶어 하는 사람들에게 시행착오를 줄여 가장 빠르게 작가가 될 수 있도록 코칭 해 주는 김태광 대표 코치 덕분이다.

나는 이런 메신저의 삶을 알게 되었다. 스펙을 쌓아서 성공하는 것이 아니라 나만의 스토리를 가지고 책을 써서 강연가, 1인 창업 가로서 영향력을 미치는 삶이 진짜 성공한 삶이라는 것을 알게 되었다. 〈한책협〉에는 현재 많은 사람들이 책을 쓰기 위해 오고 있다. 대기업에서 근무하는 사람들, 의사, 한의사, 변호사, 검사, 주부, 대학생 등 다양한 직업을 가진 사람과 다양한 연령층의 사람들이 책 쓰기를 배우러 온다. 그들은 모두 자신의 자리에서 결핍을 느끼고 책 쓰기를 배우러 온다. 스펙을 좇던 그들도 결국은 스토리 인생을 살기 위해 모이는 것이다.

나는 남들보다 뛰어난 스펙을 가지고 있지 않다. 하지만 남들과 다른 특별한 삶을 꿈꾸며 특별한 하루하루를 살고 있다. 나처럼 스펙 없이도 자신만의 스토리로 특별한 삶을 살 수 있다는 것을 많은 20대들이 알았으면 좋겠다. 오늘도 나는 많은 사람들이 자신의 스토리를 담은 책을 쓰고 스토리 인생을 살아가길 응원한다.

인생을 마무리할 때까지 작가로 살기

김은자 법학박사, (주)벗 대표이사, (주)키엠 대표이사, 강연가

법학박사로서 동국대학교에 출강하고 있으며 (주)벗과 (주)키엠의 대표이사를 맡고 있다. 자기계발 작가이자 동기부여가,
부동산 관련 강연가로도 활동하고 있다. 현재 '이기는 부동산 투자 공부법'을 주제로 개인저서를 집필 중이다.

• Email somang1252@naver.com

지금 이 글을 쓰면서 울컥하고 눈물이 난다. 오늘 하루가 내 생
애에서 경험하지 못할 두 가지 경험을 하게 된 날이다. 하루 종일
연구실 옆에 세워져 있는 화물차가 수상해 112에 신고했다. 너무
예쁘고 반듯하게 세워 놓은 차가 이상했다. 저녁이 되어 어두워졌
는데도 차가 움직이질 않았다. 이상한 마음에 가까이 가 보니 소주
병 하나가 화물차 적재함에 있었고 차의 문이 열린 채였다. 혹시나
강가에서 낚시를 하려고 차를 세웠나 했지만 불길한 마음에 112에
신고했다. 평생에 경험하지 못할 사건이었다. 가슴은 덜덜덜 떨리고

입은 바짝 타 들어갔다. 보지 않아야 할 것을 보고 듣지 않아야 할 이야기를 들었다. 경찰과 집 식구들은 좋은 일 했다고 위로하지만, 그런 경험은 살아가면서 다시는 하고 싶지 않다.

사람이 살아가면서 자살충동을 한 번도 느껴 보지 않았다고 하면 거짓말일 것이다. 그러나 실천하기는 쉽지 않은 일인데 하는 생각이 들었다. 사람들은 왜 자살을 하는 걸까? 자살할 힘을 살아갈 힘으로 바꾸면 못 할 게 없을 텐데 말이다.

또 하나는 나의 첫 책이 발간되었다는 소식이다. 《보물지도 14》. 눈물이 왈칵 쏟아진다. 내 인생의 이야기가, 내가 누군가에게 전달하고 싶은 메시지가 책이 되어 나온 것이다. 나는 내가 가지고 있는 지식을 전달하기 위해 무던히도 애쓴다.

그러나 말로 전하는 메시지는 그 현장을 떠나면 공중으로 분산되고 만다. 내 메시지를 책으로 남기고 싶었다. 매일 말로 전하는 것보다는 책으로 남긴다면 더 많은 사람이 보고 실천할 수 있을 것 같았다. 이런 마음으로 쓰게 된 책이 《보물지도 14》다. 나의 속마음을 다 털어놓은 듯한 시원함과 하나의 목표를 달성했다는 성취감이 나를 눈물 나게 했다. 나에게 살아갈 힘을 실어 준 것이 '책 쓰기'다.

나는 너무나 앞만 보고 달렸다. 세상에서 뒤처지지 않으려고 한 번도 뒤돌아보지 않고 살아온 것이다. 그런데 작년 12월에 2018년 계획을 세우면서 2018년에는 논문 하나와 내 이름이 실린 책을 써야지 했다. 나는 1년에 한 번씩 계획을 세운다. 세운 계획은 수첩 맨 앞에 써 놓는다. 하나가 이루어질 때마다 빨간 펜으로 지워 나가면서 나를 앞으로만 달리게 하는 채찍으로 이용했던 것이다.

이렇게 책을 써야겠다는 목표를 가졌지만, 어떻게 책을 쓰고, 발간하는지는 몰랐다. 책을 써야겠다고 생각하고 인터넷 웹 서핑을 하며 이곳저곳을 기웃거렸다. 그러다 발견한 곳이 〈한책협〉이다. 나는 무엇인가에 꽂히면 아무 생각을 하지 못한다. 자격이 되는지 안 되는지도 모른 채 〈1일 특강〉을 신청하고 특강비를 입금하고 말았다. 나중에 들은 이야기로는 나는 자격 미달이었다고 한다. 이렇게 자격 미달인 사람에게 책을 내게 해 준 곳이 〈한책협〉이다.

지금 생각해 보면 웃음이 난다. 나 자신이 나를 생각할 때 나는 아닌데 대부분의 사람들은 나를 조신하고 내성적인 여자로 본다. 그러나 나는 '외유내강'인 돈키호테의 후손인 듯하다. 이런 천방지축인 나의 손을 잡아 주고 이끌어 준 곳이 〈한책협〉이다. 이렇게 공저 《보물지도 14》를 집필하면서 나 자신이 놀랐다. 한 번도 스스로를 뒤돌아보지 않고 살던 내가 살아온 인생을 뒤돌아보게 된 것이다. 평생을 살면서 나만 잘난 줄 알았다. 열심히 공부만 하면 모든 것이 되는 줄 알았다.

나는 살아오면서 남자에 대한 열등의식과 고등학교를 졸업하고 바로 대학에 진학하지 못한 상처를 안고 있었다. 그래서 더욱더 남자들에게 지지 않으려고 노력했고, 학사가 아닌 석·박사가 꼭 되고 싶었다. 그래서 늦게나마 공부하기 시작했다. 누가 시켜서 하는 공부가 아닌 내가 하고 싶어서 하는 공부이다 보니 정말로 열심히 했다. 그렇게 박사학위까지 받고, 이제는 내가 하고 싶은 것은 다 했구나 생각했다. 하지만 내 마음속 한구석에는 뭔가 허전함이 똬리를 틀고 있었다.

60여 년을 정말로 열심히 살았다. 때로는 지름길이 있는데도 그것이 지름길인지 몰라서 돌아왔다. 그래서 내가 경험한 것들을 다른 사람들에게 알려서 그들은 시간 낭비하지 않고 잘 살았으면 좋겠다는 생각을 한다. 그래서인지 더욱더 책을 쓰고 싶었다. 나는 여러 편의 논문을 썼기 때문에 책도 그냥 쓰일 줄 알았다. 그런데 책의 진도는 한 줄도 나가지 않았다.

그래서 나는 내 이야기를 진솔하게 풀어놓자 했다. 어린 시절로 더듬어 올라가면서 말이다. 그러면서 내 부모님도 생각하게 되었고 그렇게 밉기만 했던 아버지도 용서가 되었다. 아버지가 그렇게 할 수밖에 없었던 것도 이해하게 해 준 것이 '책 쓰기'다. 도리어 아버지가 지금의 내가 있게 한 장본인이구나 하는 생각에 감사한 마음이 들었다. 왜 그리 악착같이 살았나 하는 반성도 하게 되었다. '그렇게 살았으니 지금의 내가 있는 것이다'라며 스스로를 위로도 해 보게 되었다. 그렇게 책을 쓰면서 나 자신의 트라우마를 치유하게 되었다. '책 쓰기'로 좋은 습관도 들였다.

나는 요일별로 직업이 다르다. 아마도 무슨 소리인가 하는 사람들이 많을 것이다. 그만큼 다양한 직업을 갖고 많은 일을 한다. 나는 회사원이기도 하지만, 회사의 경영을 맡고 있는 대표이기도 하다. 또한 일주일에 3일은 학교에서 학생들을 가르치고 있다.

바쁘게 살기도 하지만 매일매일 명함을 바꾼다든가 명함을 다 가지고 다닐 수가 없다. 그래서 아예 명함을 가지고 다니지 않는다. 가끔 명함을 달라고 하는 사람이 있다. 그럴 때면 일일이 '내가 이런 사람이다'라고 하기보다는 "제 얼굴이 명함입니다."라며 너스레를 떤다. 그것이 더 진솔한 비즈니스가 되기 때문이다. 그런 내가 책을 쓰면서 꼭 갖고 싶은 명함이 생겼다. 바로 '작가'라는 명함이다.

'나는 작가다.' 나 혼자 작가의 길을 걸어간다면 멀고도 험난할 것이다. 그러나 〈한책협〉을 선택함으로써 나는 그 험난하고 힘든 길을 지름길로 만들었다. 부동산 전문가인 내게 비전문가들이 답답하듯이 〈한책협〉도 작가가 되고자 하는 사람들이 안타깝게 느껴질 것이다. 그럼에도 불구하고 내 인생의 제2 전성기에 '작가'라는 또 하나의 획을 그어 준 곳이 〈한책협〉이다.

나는 개인저서를 준비하면서 8월 7일까지 쓰겠다고 선포했다. 그러나 그때까지 초고를 완성하지 못했다. 매일매일 바쁜 일정이지만

김은자

방학을 하면 시간이 날 듯했다. 그래서 8월 7일 생일날에 꼭 초고를 완성하고 싶었던 것이다. 그러나 3분의 2 정도밖에 쓰지 못했다.

초고를 완성하면 만년필을 하나 사서 내 책에 멋진 사인을 해 독자들에게 보답해야지 하는 생각이었다. 또한 오랜만에 아무 잡생각 안 하고 홀가분한 마음으로 혼자만의 여행을 떠나고 싶었다. 그것도 책을 쓰면서 나 자신을 돌아보며 생각한 것이다. 나 자신한테 쉼을 주고 싶었다.

그런데 마침 초등학교 동창이 바쁘게 사는 나를 보고 "둘이서 오지로 여행을 다녀오자. 너는 쉼이 필요해. 너를 쉬게 하려면 오지로 가야 할 것 같아."라고 했다. 나는 그것도 좋은 생각 같다며 그러자고 승낙했다. 8월 방학 중에 초고를 완성하고 친구와 단둘이 오지로 여행을 다녀오고자 했다. 그러곤 다시 활력 있게 올해를 마무리해야지 했건만, 초고가 늦어진 것이다.

아침에 꾸준히 하는 책 쓰기로 인해 아침이면 일찍 눈이 뜨인다. 눈을 뜨고 책상에 앉으면 제일 먼저 눈에 들어오는 것이 만년필이다. 앞으로 더 많은 글을 쓰라며 남편이 내 생일에 선물로 사준 것이다. 이 만년필을 보면 초심을 잃지 않게 된다. 다시 마음을 다잡고, 한두 꼭지를 쓰고 출근하게 되는 것이다. 좋은 습관이 들여진 것이다. 목표는 아직 달성하지 못했지만 만년필도 받았고, 여행도 갈 것이다. 그러곤 개학 전에 책을 마무리할 것이다.

나는 부동산과 관련한 내 책을 다 쓰고 나면 전원생활에 대한 책을 쓰고 싶다. 누구나 전원생활을 하고 싶어 한다. 그러나 엄두를 내지 못한다. 내가 경험해 본 바로는 시골에서 3년을 견디는 사람은 전원생활을 이어 간다. 그러나 3년을 채우지 못하면 도시로 다시 회귀한다. 내가 전원생활을 한 지가 벌써 10년 하고도 중반이다. 별의별 경험을 다 해 보고 장점과 단점을 다 알기 때문에 나의 두 번째 개인저서에는 전원일기에 대한 것을 담고 싶은 것이다.

누구나 책은 쓸 수 있다. 어르신들이 "내 인생을 책으로 엮으면 몇 권은 될 거야." 하듯이 누구에게나 인생은 있고, 그것에 따라 삶이 달라지는 것이다. 그 삶을 우리가 알아야 하고 배워야 한다. 그 속에서 지혜를 찾아야 한다. 나도 책을 씀으로써 나의 삶의 가치가 달라졌다고 믿는다. 오늘 하루, 인생에서 맞닥뜨리지 못할 기쁨과 슬픔, 놀라움의 경험이 내 인생의 책에 한 줄의 글로 남는다.

책을 씀으로써 나의 제2의 인생에서 할 일이 생겼다. 작가로서 꾸준히 원고를 집필할 것이다. 우리는 육체적으로는 늙어 갈지 몰라도 정신적으로는 더 성숙해지기 때문이다. 이 성숙함을 인생을 마무리하는 그날까지 글로 남기는 작가로 살겠다고 다짐한다. 벅차오르는 감정에 또 한 번 눈물이 난다. 내 인생을 바꿔 준 책 쓰기는 나를 돌아보고, 내 주변을 생각하고, 앞으로 살아갈 날을 준비하게 한다.

책 쓰기로 내 안에 희망을 싹 틔우기

오성숙 외래교수, 강사 코치, 자기계발 작가, 동기부여가

교육학 박사로, 경기대학교 외래교수다. 중앙대학교와 서울시민대학에 출강하고 있으며, 〈한국성인교육학회〉 학술이사, 〈한국커뮤니케이션협회〉 전임교수로 활동 중이다. 작가이자 강사 코치이며, 강사를 꿈꾸는 많은 이들을 위해 컨설팅과 상담 활동을 하고 있다. 저서로는 《버킷리스트 16》, 《책을 쓴 후 내 인생이 달라졌다 2》, 《또라이들의 전성시대 3》이 있고, 현재 '강의 잘하는 기술'을 주제로 개인저서 출간을 앞두고 있다.

- Blog blog.naver.com/oss5004
- C·P 010.3689.5152
- Cafe cafe.naver.com/anrhd99

유년 시절에 가장 많이 받았던 질문이 무엇일까? 아직 한글을 떼지 못했던 때부터 초등학교에 입학한 후에도 한참 동안 이런 질문을 자주 받았다.

"너는 꿈이 뭐야?"

"너는 커서 뭐 하는 사람이 되고 싶어?"

어른들은 나의 꿈을 진짜 궁금해하기보다는 형식적으로 질문을 던졌다. 하지만 나는 질문을 받고 늘 고민에 빠졌다. 왜냐하면 답을 찾지 못했기 때문이다. 내가 커서 어떤 사람이 되어야 하는가는 너무 어려운 문제였다.

그런데 막상 어른이 된 후 사람들은 나의 꿈을 더 이상 궁금해하지 않는다. 내가 어떤 사람이 되고 싶은지, 되어 가고 있는지 알고 싶어 하지 않는다. 지금이야말로 대답할 수 있는 질문인데 아무도 물어봐 주지 않으니 나는 내 안에 꿈을 숨기게 되었다.

어른이 된 후 나는 좀 더 다양한 재주가 있었으면 했다. 그러다 우연한 기회에 아이들을 가르치게 되었다. 미취학 아동부터 고등학교 3학년까지 학습을 지도했다. 많은 아이들을 만나면서 나는 새로운 경험을 했다. 가정형편에 따라 아이들의 상황은 극과 극이었다. 부모님이 밤늦게 일을 마치고 올 때까지 굶는 아이들부터 일하시는 분이 아예 입주해서 아이들을 케어해 주는 집까지 정말 상황이 많이 달랐다.

어느 날 초등학교 1학년인데 한글을 떼지 못한 아이가 있었다. 빠르게 한글을 떼고 싶어 영주라는 아이가 공부를 시작했다. 영주는 여덟 살이었지만 체구는 여섯 살 정도였다. 나는 영주에게 짧은 시간 안에 한글을 읽게 해 주고 싶었다. 그래서 다양한 학습방법으로 한글 공부를 시키기 시작했다. 공부에 열의가 있던 영주는 내가 내준 숙제를 성실하게 해 주었다. 나는 그런 영주가 너무 예뻐서 성실히 가르쳐 주고, 약속한 선물 보상도 해 주었다.

6개월 후 영주가 한글을 읽고 쓸 수 있을 무렵, 소란한 일이 생겼다. 영주는 같은 반 친구들과 친해지면서 하고 싶은 공부가 늘어났다. 수업을 마치면 친구들이 보습학원, 미술학원, 태권도학원에 간다는 것을 알게 된 것이다. 영주는 한글을 떼면서 자신감이 생기고 친구들과 친분을 쌓을수록 더욱 친구들과 함께 있고 싶었던 것이다. 그래서 학원에 같이 가고 싶은 마음이 커지고 있었다.

하지만 영주네 집은 형편이 넉넉하지 못했다. 사실 한글 공부도 나라에서 지원해 주는 사업을 주민센터 공무원이 권유해서 하게 된 것이었다. 그러다 보니 학원을 보낸다는 것은 엄두를 내지 못했다. 영주 부모님은 기초생활수급으로 한 달 생활비를 간신히 충당하고 있었기 때문에 학원은 사치라고 생각했다. 나는 영주와 영주 부모님이 안타까웠다. 도와줄 수 있는 방법을 고민하다 나는 영주에게 제안했다.

"영주야, 선생님이 미술 선생님은 아니지만 우리 미술공부 시작해 볼까?"

"네? 정말요? 선생님이 미술 가르쳐 주실 거예요?"

"그럼."

영주 부모님은 깜짝 놀란 눈으로 나를 바라보고 있었다. 잠시 후 나는 영주 부모님께 국어공부를 하면서 영주가 글을 지으면 바탕에 그림을 그리게 하고 싶다고 했다. 그렇게 그림공부도 함께 시키고 싶다고 제안했다. 학습은 추가비용 없이 이루어지기 때문에 돈 걱정은 하지 말라고도 말씀드렸다.

나는 영주에게 공부하는 학습지에 가장 마음에 드는 동시나 동화 이미지를 그리게 하고 그 위에 짧은 동시를 짓게 했다. 그리고 매주 국어공부와 함께 지난주의 학습을 점검하면서 그림도 함께 피드백을 해 주었다. 공부를 시작하고 10개월이 지난 후 어느덧 그림은 40장 정도가 되었다.

나는 영주와 함께 영주네 집에서 시화전을 준비했다. 영주가 그린 그림과 동시를 벽에 붙이고 가장 마음에 드는 시를 외우게 했다. '우리 집 시화전'은 가족들 앞에서 멋지게 치러졌다. 영주 부모님도 아이가 미술에 소질이 있다는 것을 알게 되었다. 기회가 되면 꼭 미술학원에 보내겠다고 약속까지 하셨다. '우리 집 시화전'을 하던 날의 영주의 행복해하던 얼굴이 지금도 선명하게 기억난다.

누군가에게 도움이 되는 일을 하면 오랫동안 여운이 남아 가슴이 뛴다. 누군가의 삶이 행복해지는 것 같기 때문이다. 나는 아이들을 만나면서 아이들이 행복해하는 순간을 많이 보았다. 그들의 마음을 알아채 주고 들어 주는 게 나는 참 좋았다.

작고 낡은 아파트에서 공부 잘하는 소영이가 살고 있었다. 중학교 2학년 소영이는 밝고 명랑하고 유쾌한 소녀였다. 학교에서도 인기가 많아서 2학년 회장을 맡고 있었다. 나는 소영이가 초등학교 때부터 함께 국어공부를 시작했었다. 공부하는 동안 소영이는 한 번도 짜증을 내거나 싫증을 내지 않았다. 늘 밝고 긍정적인 모습을 보여 주었다.

소영이는 중학교 3학년이 되면서 친구들과 학습 환경이 달라졌다. 친구들은 고등학교 진학을 대비해 과외를 시작하거나 유명한 학원에 다니기 시작했다. 하지만 소영이는 학원에 갈 수 없었다. 나이가 많이 드신 부모님은 병약하셨고, 병원비와 약값은 금전적으로 큰 부담이었기 때문이다. 소영이 어머니는 어린 소영이가 딱하고 안쓰러워서 늘 우셨다. 나도 소영이가 안타까웠다.

돕고 싶은 마음이 커지면서 나는 소영이의 공부의 양을 더 늘려야겠다고 생각했다. 소영이의 막무가내 과제 프로젝트가 시작되었다. 원래 하던 국어공부 외에 카테고리 독서를 추가 과제로 내었다. 한 작가의 작품을 5권 읽고 분석하게 했다. 또한 1930년대, 1950년대 작품을 시대별로 읽고 분석하는 과제도 내었다. 카테고리 독서를 통해 작품을 이해하는 힘이 생기면 국어 시험문제에 나오는 지문을 남들보다 빠르고 정확하게 분석하며 읽기가 가능했다.

그런 후 나는 소영이에게 문학 쓰기 숙제를 내주었다. 방학에는 수필을 쓰게 하고, 학기 중에는 자신이 생각을 짧게 쓰는 연습을 하게 했다. 내가 보기에도 버거운 숙제를 소영이는 즐겁게 해치웠다. 그런 모습을 보며 믿기지 않을 때가 한두 번이 아니었다.

그러다 소영이는 자신의 자작시를 나에게 들려주기 시작했다. 읽기와 쓰기를 좋아하는 소영이는 시를 제법 잘 지었다. 즐거운 공부의 결과는 곧 소영이의 국어 수행평가 성적에, 국어 시험성적에 반영되기 시작했다.

국어 전문학원에 다니지 않아도 기초가 탄탄한 소영이는 콩나물처럼 성장하고 있었다. 중학교 3학년 동안 소영이가 틀린 국어 시험문제는 전체 세 문제였다. 소영이는 국어 1등, 전교 3등으로 졸업하고 장학생으로 고등학교에 들어갔다.

고등학교에 입학할 무렵 소영이의 국어의 기초는 탄탄하게 마무리되었다. 고등학교에 가서는 스스로 문제풀이나 보충학습을 할 수 있는 수준이 되었다. 소영이의 마지막 수업이 있는 날 소영이의 어머니는 큰 닭으로 삼계탕 한 그릇을 끓여 주셨다.

"선생님, 소영이 고등학교 때도 봐 주시면 좋겠어요. 너무 아쉬워요."

"어머니, 소영이는 고등학교에 가서 충분히 혼자 국어공부를 할 수 있는 수준이 되었습니다. 부족한 과목에 학습비용을 쓰시고 국어는 소영이에게 맡기세요."

오성숙

나에게도 소영이를 오랫동안 가르치고 싶은 욕심이 있었지만 입 밖으로는 꺼내지 않았다. 새 학기가 시작되어 고등학교 1학년이 된 소영이는 중간고사를 본 후 나에게 문자를 보내왔다.

'선생님, 저 국어 100점 맞았어요. 그리고 우리 담임선생님이 국어 과목을 가르치시는데 저보고 학원에 다니지 않아도 될 것 같대요. 쌤하고 똑같이 말씀하세요. 국어는 혼자 공부하래요. 선생님, 감사해요.'

나는 너무 행복했다. 소영이는 고등학교 2학년 때까지 시험만 보면 나에게 문자를 보냈다. 그렇게 국어 성적과 학교생활을 전해 주었다. 부모님이 연로하시니 나를 이모나 언니쯤으로 생각하는 것 같았다. 나는 항상 반가운 마음으로 소식을 받았다. 고등학교 3학년이 되면서 소영이의 소식이 뜸해졌다. 아무래도 공부하는 시간이 부속했을 것이다. 소영이가 더 크면 나를 기억할 수 있을까? 기억하지 못해도 나는 소영이에게 서운하지 않다. 소영이가 더 멋진 어른이 되기를 기도하고 있다.

아이들과 함께 공부하면서 나에겐 꿈이 생겼다. 좀 더 글을 잘 쓰거나, 그림을 잘 그리는 사람이 되고 싶었다. 감히 화가나 작가가 되지는 못하더라도 노력해서 좀 더 나은 실력을 갖추고 싶었다. 이러한 작은 꿈 씨앗이 내 품 안에 있었다.

하지만 나는 그 꿈 씨앗에 물과 빛을 충분하게 주지 못했다. 막연한 꿈이라고 생각했기 때문이다. 그러던 어느 날 나에게 책을 쓸 기회가 생겼다. 책 쓰기를 시작하면서 짧은 시간 안에 공저 3권, 개인저서 1권을 마쳤다. 꿈만 같다. 책을 쓰면서 잊고 있던 나의 꿈을 찾고, 씨앗을 발아시켜서 나무로 자라게 했다.

언제가 그림 그리기도 시작할 것이다. 나의 마음에 품었던 작은 꿈 씨앗이 하나씩 발아되면서 내가 바라던 삶이 선명하게 그려지고 있다. 나는 책 쓰기로 내 안에 희망을 싹 틔울 수 있어서 행복하다.

따뜻한 손길을 내미는 사람 되기

최민정 힐링 전문가, 예술치료사, 동기부여가, 작가

세종대 영화예술학과를 졸업한 후, 배우로 활동하고 연극치료를 공부하다 결혼과 동시에 그만두었다. 지금은 세 남매를 둔 엄마경력 5년 차다. 육아를 하면서 자기계발에 열을 올리고 있다. 그리고 자신과 지적장애와 정신장애를 앓고 있는 동생을 살리겠다는 각오로 모든 아픈 영혼들을 치유해 주는 사람이 되고자 힐링 전문가 및 작가의 길을 걷고 있다.

• Email healing486@nate.com   • C·P 010.2935.3171

유난히도 뜨거웠던 올해 여름. 아스팔트 온도를 56도까지 끌어 올렸던 폭염처럼 나에게도 도전해 보고 싶은 열망 가득한 일이 생겼다. 그것은 내 인생의 큰 뉴스거리인 '책 쓰기'였다. 똑똑. 내 마음의 창문을 두드린다. '민정아 너 정말 잘할 수 있을까? 그렇다면 넌 도대체 얼마만큼 행복해질 수 있을까?' 지금 이 순간. 내 이름으로 된 책이 나온다는 사실 자체만으로도 귀가 쫑긋 서고 볼이 발그레 물든다. 은하수 이불을 덮은 것처럼 행복한 꿈에 풍덩 빠진다.

"안녕하십니까? 저는 A 유치원에 다니는 B입니다. 저는 다섯 살이고 제 별명은… (중략) …제 비전은 2040 파일럿입니다."

발표회를 앞두고 새가 재잘거리듯 연습하던 첫째 아들이 내게 뜬금없이 물어본다. "엄마는 뭐가 되고 싶어?" 그 순간 마음이 후련할 정도로 세차게 펀치를 맞은 듯했다. 계획은 있었다. 하지만 너무나 진전이 없고, 선뜻 대답하려니 아직은 나 자신에 대해 명확한 확신이 없었다. 그저 발표회 준비나 잘하라고 나의 당황을 서둘러 무마했다. 그러다 다시금 육아바다에서 헤매고 있는 틈 속에 아들의 질문이 슬며시 비집고 들어와 내 머릿속을 뒤흔들었다. 무언가에 홀린 듯 끓어오르는 욕구가 내 몸을 감쌌다.

'그래, 나도 이제 정말 시작해야 할 때인 것 같아! 〈한책협〉에서 글을 쓰자! 나도 작가 하자!' 나는 내 마음의 소리를 들었다. 〈한책협〉은 정말 하찮고 별 볼일 없는 내 삶을 책으로 펴낼 수 있게 해 주는 곳이었다. 그 후부터 나는 네이버 카페 〈한책협〉을 들락날락했다. 〈한책협〉에는 자신이 가진 재능을 발견하고 책을 쓰고 '작가'가 된 사람들이 많았다. 그리고 그들은 작가를 직업으로 연결해 1인 기업을 설립하고 성공가도를 달리고 있었다.

《그러니까 당신도 살아》라는 책이 그동안의 아픔을 드러내 주는 것처럼, 《천 개의 공감》이란 책이 사례를 통해 사람들의 아픔을 덜어 주는 것처럼 나에겐 아픈 사람들을 치유해 주는 사람이 되고자 하는 소명이 있다. 〈한책협〉에서 '글쓰기'를 시작하면 내 소명을 이룰수 있을 것 같았다. 난 지금 당장 내 꿈에 다가갈 수 있는 길을 선택했다.

나에게는 아버지가 돌아가셨을 때도 눈물 한 방울 흘리지 않았을 정도로 슬픔을 모르는, 지적장애가 있는 동생이 있다. 그리고 아버지와 자주 싸우셨던 기초생활수급자인 엄마가 있다. 이런 그들에게 이제 작가로 성공해 무언가를 해 주고 싶다. 때문에 절박한 심정으로 '책 쓰기'에 도전한다. 물론 나는 꼭 약한 사람들을 위해서 살것이다. 우리나라에서 유명한 이국종 의사는 관에 들어갈 때 치료한 환자들 명부를 가져갈 거라고 한다. 난 아픈 마음을 상담해 주고 달래 주고 일으켜 세워 준 사람들의 명부를 들고 갈 것이다.

난 봤다. 주변의 평범한 언니가 〈한책협〉을 통해서 자신의 삶을 바꾸고 성공하는 모습을. 그래서 이곳에서 시작하면 나도 할 수 있을 것 같다. 굳은 마음을 먹고 용기 내어 '책 쓰기' 공저에 탑승한다. 이는 허구가 아닌 실제다. 나는 그 사실이 믿기지 않아 내 볼을 세차게 꼬집어 보기도 했다.

'책 쓰기'는 나를 당당히 모든 것에 부딪쳐 보게 하고 다시 태어나게 하는 것 같다. 시작하기는 어려웠지만 전문가처럼 글을 쓰려고 무척이나 애쓰고 있다. 연구하면서 글을 쓰다 보니 점점 전문가가 되어 가는 것 같다. 나는 나만의 직업을 만들어 가는 과정을 거쳐 세상에서 인정받는 사람이 될 것이다.

"내 이름으로 된 책 갖기!", "죽기 전에 '작가'라는 매력적인 직업 갖기!", "우리 가족 살리기!", "내 인생 살기!"

이제 내 마음속 외침이 밖으로 분출되어 나오고 있다. 내 꿈을 수면 위로 끌어올릴 수 있는 힘도 기르게 되었다. 진정 내 인생을 내 것으로 만들 수 있는 힘이 불끈불끈 느껴진다. 책을 쓰면 이렇게 다시 태어나게 된다.

책을 쓰는 나. 셋째 아이가 백일이 된 특별한 오늘. 난 우리 아이들에게 멋진 엄마가 되려고 한다. 세상을 향해 따뜻한 손길을 내미는 사람이 되려고 한다. 그러기 위해 '책 쓰기'를 하고자 한다. 나도 했으니 당신도 할 수 있다.

최민정

31

진정한 자기계발과
1인 창업이 가능한 책 쓰기

김석준 내 집 마련 코치, 자기계발 작가, 동기부여가

전세대출 받아서 신혼생활을 시작했다. 지독한 절약과 부동산 공부를 통해 2년 만에 전세대출을 모두 갚고 서울의 아파트 마련에 성공했다. 그 기간 동안 습득한 지식, 노하우와 경험을 나누는 내 집 마련 코치로 활동하고 있다. 현재 내 집 마련을 주제로 개인저서를 집필 중이다.

· Email *treasurecompany@naver.com*   · Blog blog.naver.com/treasurecompany
· C·P 010.3477.1639

　　나는 군대에서 2006년부터 일기를 쓰기 시작했다. 전역을 앞둔 선임이 신병인 나에게 다이어리를 선물로 줬다. 군인들에게 다이어리는 인기 있는 선물이 아니다. 그래서 내가 받은 다이어리를 탐내는 선임은 없었다. 나도 선물 받은 다이어리로 무엇을 할지 전혀 생각이 없었다. 그 당시 우리 부대에서는 신병들에게 8주간 매일 일기를 쓰게 했다. 부대 생활 적응을 돕기 위한 목적이었다. 초등학교의 '바른생활' 교과서같이 생긴 책에 일기를 썼다.

　　명령에 따라 일기를 썼지만 8주가 지난 후 더 이상 일기를 쓰지 않았다. 일기를 쓰지 않아도 된다는 해방감이 좋았다. 하지만 며칠이 지나지 않아 해방감은 허전함이 되었다. 그때 선물 받은 다이어리가 눈에 들어왔다. 그리고 다시 일기를 쓰기 시작했다. A5용지 크기의 다이어리에 매일 한 페이지씩 일기를 썼다. 그때부터 지금까지 매일 일기를 쓰고 있다.

선물 받은 다이어리에 1년간 일기를 썼다. 그리고 휴가 때 다음 연도 다이어리를 사서 복귀했다. 1년 동안 일기를 쓰다 보니 습관이 된 것이다. 이왕 일기를 쓰기 시작했으니 10년을 채워서 자서전을 출간하겠다고 다짐했다. 그리고 10년 동안 일기를 쓰면 성공하리라는 막연한 기대가 있었다.

군대에서 일기를 쓸 때 누군가 볼 수 있다고 생각했다. 그래서 나쁜 내용은 쓰지 않았다. 특히 특정인에 대한 불만은 절대 쓰지 않았다. 일기에는 좋은 내용만 작성했다. 전역 후 대학에 복학하고 기숙사 생활을 했다. 그때도 누군가 일기를 볼 수 있다는 생각에 나쁜 내용은 쓰지 않았다. 특정인에 대한 부정적인 내용은 아직까지도 절대 일기에 쓰지 않는다.

그때까지 일기의 내용은 하루 일과의 기록, 내 생각의 정리가 대부분이었다. 하지만 지금은 일기에 쓰는 내용이 다양하다. 책을 읽고 마음에 드는 구절을 필사하기도 한다. 그리고 강연, 세미나 내용을 정리해서 쓰기도 한다. 주말에는 하루 일과를 시작하기 전에

해야 할 일들을 이미 한 것처럼 쓰기도 한다.

2006년부터 지금까지 일기를 계속 썼다면 13년째 일기를 쓰는 것이다. 그러나 3년 정도 내 인생의 암흑기에는 일기를 쓰지 않았다. 그 3년 동안에는 매일 똑같이 반복되는 생활을 했다. 그리고 특별한 사건들도 없었고, 꿈도 없었다. 그래서 지금 10년 차 일기를 쓰고 있다. 일기를 10년 동안 쓰면 성공할 것이라는 막연한 기대가 있었다. 드디어 10년 차다.

일기를 쓰면 장점이 있다. 고민이 있을 때 누군가에게 털어놓는 것만으로도 고민이 해결되는 것 같은 기분을 느낀다. 나는 일기에 나의 고민에 대해 적는다. 고민을 적으면서 다시 한 번 생각한다. 그래서 일기에 고민을 적는 것만으로도 상당 부분 해결되는 것 같은 느낌을 받는다. 또는 일기를 쓰면서 하루에 대해 반성한다. 해야 할 일을 하지 않은 날의 일기에는 나 자신을 향해 어마어마한 독설을 쓰기도 한다. 또한 스스로 잘한 일이 있다고 생각되면 나 자신에게 많은 칭찬을 해 준다. 그리고 앞으로 행복한 미래가 있을 거라고 쓴다.

내년부터는 엄청난 변화가 일어날 것이다. 우연히도 일기를 10년 동안 쓰고 난 후의 첫해이기도 하다. 하지만 나는 그것보다는 책을 쓰기 때문이라고 생각한다. 10권의 일기보다는 한 권의 책이 더욱 나를 성공으로 이끌 것이기 때문이다. 신혼부부들에게 내 집 마련 방법을 알려 주는 책을 쓸 것이다. 결혼 후 2년 동안 내 집을 마련하기 위해 치열하게 공부하고 경험한 내용들을 전달하는 책이다. 책이 출간되면 컨설팅, 강연 등 1인 창업으로 이어질 것이다. 그러면 나는 작가, 코치, 선생님과 같은 호칭으로 불릴 것이다. 10년 동안 일기를 쓰면서 겪은 변화보다 더 큰 변화를 맞이할 것이다.

책을 쓰는 과정은 일기를 쓰는 과정에 비해 힘든 점이 많다.

첫째, 내용이 정확해야 하기 때문이다. 일기에는 잘못된 내용을 써도 괜찮다. 나 혼자 보는 글이기 때문이다. 하지만 책에 쓰는 내용은 정확해야 한다. 잘못된 내용이 담겨 있는 책은 저자의 전문성을 의심하게 만든다. 때문에 책을 쓰면서 기존에 알고 있던 불확실한 내용을 정확하게 공부하게 된다.

둘째, 책은 쓰기 위해선 다양한 사례들의 조사가 필요하기 때문이다. 일기를 쓸 때는 사례 조사가 필요하지 않다. 일기는 나의, 나에 의한, 나를 위한 글쓰기다. 일기에는 내 이야기를 담는다. 그래서 일기를 쓰기 위해서 사례를 조사할 필요가 없다. 하지만 책에는 나의 이야기만을 담을 수 없다. 나의 이야기와 나의 주장만 반복하는 책은 흥미도 없고 전문성도 없다. 책을 쓸 때는 다양한 사례를 담아야 한다. 그래야 책을 읽는 독자들이 흥미를 느낀다. 그리고 내가 주장하는 내용의 객관적 신빙성이 더해진다.

셋째, 집중해서 단기간에 써야 하기 때문이다. 일기 쓰기에는 정해진 기한이 없다. 자유롭게 쓰고 싶을 때 쓰고, 하루에 하나씩 쓰면 된다. 그러나 책 쓰기에는 출간 기한이 있다. 기한 내 완성하지 못하면 집중력이 떨어진다. 그리고 책을 쓰고 있는 주제가 더 이상 사회적 관심을 받지 못할 수도 있다.

그럼에도 불구하고 나는 한 권의 책 쓰기가 10권의 일기 쓰기보다 더 많은 장점이 있다고 생각한다. 그 이유는 다음과 같다.

첫째, 필력이 더욱 향상되기 때문이다. 일기의 독자는 나지만, 책의 독자는 대중이다. 다른 사람이 읽지 않는 일기는 쓰고 나서 투고하지 않는다. 그래서 일기는 항상 미완성인 초고의 상태로 남아 있다. 하지만 다른 사람이 읽는 책의 원고는 투고를 한다. 오타, 띄어쓰기, 맞춤법 등을 바로잡고 여러 번 읽으면서 깔끔한 글로 가다듬는다. 달구어진 쇠를 망치로 두드리고 다시 달구는 일을 반복하는 담금질과 같다.

둘째, 진정한 자기계발을 하게 되기 때문이다. 일기는 하루의 기록이나 나의 생각이 주된 내용이다. 일기를 쓰기 위해서 관련 분야를 공부할 필요는 없다. 하지만 책 쓰기에는 많은 공부가 필요하다. 풍부한 사례와 지식을 담아 써야 하기 때문이다. 공부하지 않고 일기를 쓰듯이 자신의 생각이나 주장만 가득 담는다면 독자의 선택을 받지 못한다.

셋째, 사회적 영향력이 생기기 때문이다. 일기는 나 혼자 본다. 그렇기 때문에 내가 일기를 쓰고 있는지 가족들도 모른다. 하지만 책을 쓰면 서점에 내 이름으로 된 책이 진열된다. 그러면 친구들이나 독자들이 내 책을 읽는다. 그리고 내 책을 통해 배움을 얻고 감동을 받는 독자가 있게 된다. 이처럼 책은 나 혼자가 아닌 독자들에게 영향을 준다.

넷째, 1인 창업이 가능하기 때문이다. 일기는 내가 쓰고 싶은 이야기를 쓴다. 호기심으로 내 일기를 들춰 보는 사람이 있을 수 있지만, 그를 독자라고 할 수는 없다. 하지만 책은 독자들이 궁금해하는 내용으로 써야 한다. 그래야 독자들이 돈을 지불하고 책을 구매한다. 책이 팔리면 인세를 받는다. 그리고 내 책을 읽고 도움이 필요한 독자가 나에게 연락을 한다. 그러면 상담, 컨설팅, 코칭을 제공해 수익을 창출하게 된다. 그렇게 1인 창업을 시작할 수 있다.

이렇듯 책 쓰기는 쉽지 않지만 많은 장점이 있다. 그래도 책 쓰기가 부담스럽다면 가벼운 마음으로 일기 쓰기를 먼저 시작하는 것도 좋다. 일기를 쓰면서 글쓰기에 대한 두려움을 떨쳐 낼 수 있기 때문이다. 그리고 글 쓰는 습관이 몸에 배어 책을 쓸 때도 꾸준히 쓸 수 있다. 하지만 일기 쓰기로 만족해서는 안 된다. 일기 쓰기는 책 쓰기의 연습으로 생각해야 한다.

진정한 자기계발과 1인 창업이 가능한 글쓰기는 일기 쓰기가 아니라 책 쓰기다. 나는 일기도 쓰고 책도 쓰기 때문에 두 글쓰기 간의 차이를 느낀다. 그래서 일기 쓰기와 책 쓰기 중 무엇이 좋은지 물어본다면 망설임 없이 책 쓰기라 답할 것이다.

현재의 삶에 만족하지 않고 변화를 원한다면 책을 써라. 책의 주제는 당신이 지금까지 살아오면서 쌓은 지식, 경험이면 충분하다. 나는 내가 평범한 삶을 살고 있다고 생각했다. 그래서 책을 쓸 주제가 없다고 생각했다. 그러다가 〈한책협〉의 김태광 대표 코치를 만나 상담을 받았다. 짧은 상담이었지만 나도 책을 쓸 수 있다는 확신이 생겼다. 그 후 나는 〈한책협〉에서 진행하는 〈책 쓰기 과정〉에 등록했다. 그리고 나에게 맞는 주제를 선정했다. 신혼부부를 위한 내 집 마련 노하우가 그것이다. 나에게도 책을 쓸 주제가 있다는 것이 놀랍고 감사하다.

누군가에게 일기 쓰기를 추천한 적은 없다. 하지만 책 쓰기는 많은 사람들에게 추천한다. 책 쓰기를 통해서 필력을 향상시킬 수 있으며, 진정한 자기계발을 할 수 있다. 그리고 사회적 영향력이 생기고 이를 1인 창업으로 이어 갈 수 있다.

이렇듯 책 쓰기를 통해서 개인적으로, 사회적으로, 경제적으로 성공할 수 있다. 좋아하는 분야가 있다면, 관심 있는 분야가 있다면, 특별히 내세울 것이 없을지라도 걱정하지 마라. 그건 아직 자신을 모르기 때문이다. 모든 사람에게는 책을 쓸 주제가 있다. 스스로를 과소평가하지 마라. 그리고 지금 당장 책 쓰기를 시작하라.

김석준

내
인
생
을

바
꾼

책
쓰
기
의

힘

32 - 38

국상미 구지은 김관우 송애란

정서빈 배 훈 이희수

나의 생각과 노력의 산물, 책 쓰기

국상미 자기사랑 메신저, 자존감 코치, 자기계발 작가

'진짜 나는 누구일까?', '진정으로 내가 원하는 것은 무엇일까?'라는 질문에 대한 답을 찾아 자기 탐구를 시작하게 된 평범한 직장인이다. '진정한 나로 존재하기 위한 방안으로 자존감과 자신을 사랑하는 방법을 터득해 나가는 중이다. '각자의 삶을 사랑하며 나답게 살아갈 때 가장 빛나는 삶이 펼쳐진다'는 메시지를 전파하며 사는 것을 소망한다. 현재 자존감과 자기 사랑법을 주제로 개인저서를 집필 중이다.

• Blog blog.naver.com/813mimist   • C · P 010.7344.6917

생각해 보면 언젠가부터 나는 '제대로 된 글'을 쓰지 않게 되었다. 여기서 말하는 제대로 된 글이란, 어떠한 주제에 대해 고민과 생각은 물론, 진지함까지 더해진 글을 말한다. 아마도 입시를 위해 힘썼던 고등학교와 정신없는 대학생활을 거치면서, 그리고 어른이 되면서 점점 제대로 된 글과 멀어지게 된 것 같다.

근래의 추세는 모르지만 나의 초·중학교 시절에는 포스터, 표어와 더불어 글짓기 대회가 꽤나 굵직한 행사였다. 환경사랑, 나라 사랑, 물 절약, 여성평등 등 그 주제는 다양했다. 지금 생각해 보면 어린 시절의 나는 내색하진 않았지만 글짓기 대회에서의 수상 욕심이 있었던 것 같다. 제법 의젓하고 진지해야 할 주제들에 대한 나의 의견을 어른이라도 되는 양 다소 경직된 말투로 풀어냈었다. 주어진 시간 내에 원고지를 채우느라 연필과 지우개를 교차해 가며 책상 앞에 바짝 엎드려 끝까지 바락바락 써냈던 그때의 내가 문득 떠오른다.

사실 나는 본의 아니게 당시에 일반적이지는 않았던 논술을 꾸준히 배웠다. 다른 친구들이 새로 생긴 영어 또는 수학 학원에 한창 수강 등록을 할 때 같이 어울리지 못해서 아쉬운 마음이 들었던 기억이 있다. 엄마는 나를 매번 집 근처의 국어학원이 아닌, 책과 신문 사설을 읽고 논의할 수 있는 논술 선생님 댁으로 데려다주셨다. 주 1회였고 1년은 52주이니 못해도 200번은 쉬이 넘게 오갔을 것이다. 그렇지만 1년 365일이 오롯이 기억나지 않듯이 논술 수업에 대한 기억은 희미하기만 하다. 기억이 나는 건 한창 사춘기인지라 숙제가 무척이나 하기 싫었던, 강렬한 반항적 감정을 느꼈던 몇몇 순간 정도다.

당시는 한창 휴대전화가 생겨 친구들과 문자 주고받기와 인터넷 사용에 눈떠 가던 시기였다. 그런 때에 진득하게 앉아 한국 문학의 시대적 배경과 인물의 상황을 고려해 보는 것은 대단한 인내심이 아니고서야 쉽지 않았다. 신문 사설도 마찬가지였다. 큼지막한 신문의 사설 페이지를 챙겨 들고 학교에 가서 신문 특유의 신선하고 비릿한 내음을 맡으며 사설을 도려내어 공책에 붙였다. 거기에 요약과 감상을 더하는 활동을 고3이 되기 전까지 했던 것 같다. 그렇지만 후에 이러한 활동이 도움이 되었음을 알게 되었다. 교과목 중 '문학'을 수월하게 들을 수 있었기 때문이다.

고3이 되어서는 당연한 절차처럼 수능에 집중한다는 핑계로 논술 수업을 듣지 않았다. 그럼에도 불구하고 나는 대학 입학 면접 때 관련 문제가 문학 교과서에서 출제되었기 때문에 정말 논술 덕을 톡톡히 봤다. 그렇게 고3 시절을 보내고, 대학 입학을 앞두고 있을 때 한창 스마트폰이 활성화되었다. 대국민의 무료 채팅 '카카오톡'이 등장했고, 세상은 빠르게 변했다.

경영학과에 입학한 나는 점점 글쓰기와 멀어지게 되었다. 어릴 적부터 마음이 답답하거나 혼자만의 꿈과 목표를 다짐할 때 썼던 일기마저도 쓰는 빈도가 점점 줄어들었다. 여전히 다른 친구들과는 달리 노트북보다 손으로 필기하는 것을 좋아하는 학생이긴 했다. 하지만 강제성이 부여되지 않은 상황에서 굳이 내가 글을 쓸 리가 만무했다. 새로운 상황과 환경에 적응한다는 핑계로 책도 멀리하게 되었다.

그러다 1학년 2학기 때 수강한 어느 수업에서 독후감 과제를 만났다. 《88만 원 세대》를 읽고 독후감을 쓰는 것이었다. 오랜만의

국상미

글쓰기였지만 나는 내심 자신이 있었다. 스스로 어문계열에 강하다고 생각했었기 때문이다. 하지만 결과는 보란 듯이 나의 기대감을 내쳤다. 함께 다니던 친구들보다 낮은 점수를 받았기 때문이다. 그때의 굴욕감이 아직 기억에 남아 있다.

핑계를 대자면 나에게 그 책은 어려웠다. 이 글을 쓰고 있는 지금도 오른편으로 고개를 돌려 시선을 약간 올리면, 연두색 표지의 《88만 원 세대》가 책장에 얌전히도 꽂혀 있다. 다시 읽어 보게 되진 않을 것 같지만 말이다. 학년이 올라가면서 친구들과 몰려다니기보다는 혼자 보내는 시간이 많았다. 도서관에서 다양한 책들을 구경하곤 했다. 당시의 나는 뮤지컬에 지대한 관심이 있었다. 때문에 뮤지컬 관련 책들과 진정한 꿈이나 소명 찾기에 관련된 책들을 주로 찾아 읽었다. 도서관에서 많은 시간을 보냈지만 다량의 독서를 하진 않았다. 그래서인지 항상 마음 한구석에 '독서'라는 짐이 있었다.

시간이 흐르고 흘러 내가 다시 독서에 '제대로 된' 관심을 갖게 된 것은 사실 얼마 되지 않았다. 어느덧 직장생활까지 하게 된 나는 입버릇처럼 "책 좀 읽고 싶다.", "책 좀 맘껏 읽고 싶다."라고 말하곤 했었다. 그러나 책 읽기를 습관으로 갖는 것은 생각보다 쉽지 않았다. 여전히 내가 관심을 가지고 있는 뮤지컬과 식음료 관련 책은 수월하게 읽어 내곤 했다. 하지만 그 책들은 왜인지 책을 읽어 냈다는 느낌이 덜했다. 음식과 식재료에 관한 이야기를 다룬 책에는 그림이 많았다. 그런 경향이 있어서인지 은연중에 책으로 인정하지 않았던 듯싶다.

내가 꾸준히 책을 읽기 시작한 것은 '부자가 되고 싶다'라는 생각을 한 이후부터다. 적성을 찾겠다며 여기저기 기웃거렸지만 잡힐 듯 잡히지 않는 나의 적성에 지쳐 가고 있을 때였다. '부자가 되고 싶다'라는 생각 외에 뚜렷한 방향을 잡지 못한 나는 책 읽기가 답이라는 생각을 했다. 부자의 마인드와 생활방식을 읽고, 따라 하고, 배우다 보면 나도 꿈이 생길 것 같았다. 새로이 무언가를 찾아 방향을 전환하기보다 지금의 나를 조금씩 개선시키고 발전시켜야겠다는 생각이었다.

나는 부자 마인드 외에 빠르게 변하는 세상에서 살아남기 위해 브랜딩과 마케팅에 관심을 가졌다. 부자가 되려면 사업을 해야 한다. 그러려면 내가 제공하는 것이 제품이든, 서비스든 나 자신이든 간에 브랜딩이 되어야 한다고 생각했다. 그러던 중 내가 만난 책이 《SNS 마케팅이면 충분하다》다. 술술 읽히는 책이었지만 저자의 우여곡절과 간절한 마음 등이 고스란히 전해져 나도 함께 감정의 파도를 타며 읽었다. 책을 읽고 나서 나는 저자에 대해 알아보았다. 〈한국SNS 마케팅협회〉 대표였고, 〈한책협〉의 코치였다. 그 인연으로 나는 책 쓰기 〈1일 특강〉에 참여하게 되었다. 그리고 지금은 이렇게 나의 이야기를 쓰고 있다.

책 읽기가 답이라고 생각했던 내가, 책을 쓰는 것은 먼 훗날 성공한 이후의 일이라고 생각했던 내가 이렇게 책을 쓰고 있다. 아직은 책 쓰기에 도전한 지 얼마 되지 않았다. 하지만 책을 읽는 것과 책을 쓰는 것은 이루 말할 수 없이 다른 활동이라는 것을 몸소 느끼고 있다.

책을 쓰려면 나의 이야기를 풀어내야 한다. SNS를 이용해 짧고 굵게 감정을 표현하고 수많은 이모티콘으로 기분을 표현해 왔던 나의 내면을 대면해야 하는 것이다. 진솔한 속내를 말로 하는 것도 쉽지 않은 일인데, 내 손으로 직접 써서 종이에 새기려니 두려움이 앞서는 것도 사실이다. 하지만 비단 책 쓰기뿐만 아니라 새로운 것에 도전하기 위해서는 기존의 틀을 깨고 나아가는 힘과 두려움을 이겨 내는 힘이 필요하다. 두려움을 피하기만 한다면 나의 삶은 지금에 머무를 것이다.

남들과 다를 것 없는 평범한 노력을 하면서 비범해지길 바란다는 건 앞뒤도 맞지 않거니와, 주어진 내 삶에 책임을 다하지 않는 태도라고 생각한다. 나에 대해 조금은 엄격한 잣대를 들이밀어서도 지금까지 특별할 것 없는, 적당한 노력을 기울였던 나의 시간들을 속죄하고 싶다. 또한 작심 1일일지언정 작심 1일을 반복해서라도 성공하는 습관을 만들고 싶다.

오늘 사력을 다하기로 다짐하고는 내일 지쳐 나가떨어질 수도 있다. 그래도 다시 일어날 것이다. 나는 책 쓰기의 주제를 정하는 과정에서 나의 분야를 발견할 수 있었다. 그러면서 나에게 가장 집중하면서 가장 나다운 모습 자체로 타인의 삶에도 긍정적인 영향을 끼치고 싶다는 꿈을 갖게 되었다. 또한 조금씩 나를 믿는 힘이 길러지고 있음을 느낀다.

우리는 반복되는 일상 속에 매몰되는 경우가 많다. 매일, 매주, 매달, 매년 새로운 다짐을 하고 목표를 세워 본다. 하지만 정형화된 나의 삶의 방식과 인간의 본능을 이겨 내는 것은 결코 쉽지 않다. 그러다 보니 자신과의 약속은 잊거나 외면하게 되고 앞에 놓인 삶을 살아가는 데 급급하게 된다. 문득 뒤돌아보면 내가 원했던 내 모습이 아닌 상황에 허무함이 몰려오는 좌절의 곡선을 반복해서 그리게 된다. 적어도 나는 그랬다.

실패와 후회와 좌절을 반복하는 삶이 아닌, 작고 작은 성공을 쌓아 큰 성공을 이루는, 희망적이고 고무적인 삶을 살고 싶다. 내 손으로 쓰는 책 한 권이 앞으로 나에 대한 믿음과 그런 삶을 살아가는 데 큰 동력을 제공하리라 믿는다.

책 쓰기로 앞으로의 삶 계획하기

구지은 심리상담사, 자아성장 코치, 사회복지사, 중독전문상담사, 자기계발 작가, 동기부여가

현재는 국가기관의 센터에서 제조업 노동자들 및 감정 노동자들의 직무 스트레스 상담과 산재 트라우마 상담 및 교육을
진행하고 있다. 앞으로는 작가이자 자아성장 코치라는 가슴 설레는 꿈을 그리며 이 세상의 모든 불안한 사람들을 대상으로
상담활동을 하고자 한다. 저서로는 《139유형으로 대비하는 직업상담사 핵심분석》이 있으며, 현재 '현대인의 불안'을 주제로
개인저서를 집필 중이다.

• Blog blog.naver.com/tex_queen   • C·P 010.3248.7949

내 나이 지금 마흔한 살이다. 100세 시대를 운운하는 요즘의
잣대로는 절반도 채 살지 못했다. 하지만 마흔 살이 되니 이제 인생
의 안정기에 들어서 삶을 한 번쯤은 되돌아보고자 하는 마음은 생
기는 것 같다. 그래서 그랬는지 작년부터 나는 지금까지 내가 어떻
게 살아왔는지, 그 삶은 지금의 나에게 어떤 영향을 미쳤는지, 앞
으로는 어떻게 살아야 하는지 되돌아보고 정리하고 싶어졌다.

나는 평소 책을 많이 읽는 편도 아니었고, 나의 생각을 적는 것
을 좋아하지도 않았다. 하지만 읽고, 기록하는 것의 중요성을 알고

는 있었다. 그랬던 터라 '이제부터라도 일기는 써야겠다!' 정도의 생각은 했다. 그러면서 하루하루의 일과를 시간 나열식으로 적거나 그때그때의 나의 생각을 적는 정도의 실행은 하고 있었다. 하지만 바쁜 일과 속에서 한 번씩 적는 것을 놓치는 일이 다반사였다. 한 번 실패했다는 생각이 들면 다시 적고 싶은 마음이 줄어들었다. 때문에 하루하루를 기록하는 습관도 가지기가 많이 힘들었다.

40대에는 지금까지 살아왔던 삶의 방식과 무언가는 다르게 살고 싶었다. 그랬기 때문에 자기계발 관련 책을 읽고 강의 등을 보고 들었다. 그리고 그 과정에서 〈한책협〉을 알게 되었다. 그곳에서는 지극히 평범한 사람들이 모여 책을 쓰고 작가가 되고 있었다. 그 과정에서 자신을 발전시켜 저마다의 꿈을 이루고 부(富)까지 만들어 가고 있는 모습을 보면서 뭔가 모를 확신이 들었다. '책을 쓰며 내가 살아온 삶과 인생도 정리하고, 그동안 만들어 온 나의 경력을 담은 책을 가지고 좀 더 전문적으로 내가 하고 싶은 일을 하면서 살고 싶다. 그러면서 수익을 얻는 삶을 산다면 얼마나 행복할까? 나도 그렇게 살고 싶다!'라고 말이다.

누구든지 자신의 인생 스토리를 글로 쓰면 역사책 10권 이상은 될 거라고 말한다. 나 역시도 그런 스토리라면 남부럽지 않다고 자신할 수 있다. 기대를 한 몸에 받으면서 공부도 열심히 하고 뭐든 1등을 놓치지 않으려 했던 유년기. 나만이 옳다는 생각으로 다른 사람의 조언도 거부하면서 내가 만든 성안에 갇혀 독불장군처럼 살다가 지쳐서 나가떨어졌던 청소년기. 그사이에 찾아온 아버지의 죽음. 나를 찾는 과정에서 방황도 많이 했지만 가장 즐겁고 자유롭게 시간을 누렸던 내 인생의 황금기 대학 시절. 좋아하지도 않는 전공을 부여잡고 울면서 힘들게 공부했던 대학원 시절. 무한의 도전과 실패의 연속이었던 회사생활. 그리고 그 도피처로 선택한 결혼. 진정으로 내가 원하는 게 무엇인가를 고민한 끝에 선택한 상담공부. 강사로 인정받은 상담분야의 성공적인 스타트. 그 과정에서 얻은 귀한 아들과 나의 욕심으로 안타깝게 잃은 딸. 지금까지의 사회생활의 노하우와 5년간 다져진 강의력. 그리고 끊임없는 상담분야의 공부를 인정받으며 들어간 현재의 나의 직장. 그 모든 것을 거쳐 시작한 작가로서의 나의 삶. 나의 역사는 현재진행형이다. 내가 쓰려는 책 속에 위의 모든 내용이 들어가게 되진 않을 것이다. 하지만 그 글은 한 자 한 자 나의 삶이 녹아든 나의 인생 그 자체일 것이다.

현재 내가 근로자 건강센터에서 하고 있는 심리상담사 일은 나에게 너무나도 잘 맞는 일이다. 먼저 자율성이 보장되어 있다. 그리고 내가 운영하고 싶은 심리 프로그램을 내가 직접 기획하고 만들어 적용해 볼 수 있다. 그렇게 근로자들을 개인적으로 만나 심리상담을 해 주는 게 내 일이다. 가끔은 다양한 심리분야를 주제로 강의할 수 있는 기회도 주어진다.

사람들은 저마다 강점과 특징을 가지고 있기 때문에 이런 일의 특성이 모든 사람들이 다 좋아하는 조건은 아닐 것이다. 그러나 나는 한 가지만 반복적으로 하는 일에는 쉽게 지루함을 느낀다. 다양한 일을 새롭게 기획하고 만들어 가면서 매 순간 도전하는 것을 좋아한다. 그렇기 때문에 몸과 마음이 모두 바쁘고 항상 생각하고 깨어 있는 상태여야 하는 이 일에 무한 매력을 느끼지 않을 수 없다.

하지만 문제는 그 노력에 대한 대가다. 노력해 새롭게 일을 만들고 그것을 체계화시킨 사람에게나, 시키는 일만 하는 사람에게나 돌아오는 피드백은 항상 같다. 나의 창의적인 노력은 현재 내가 다니는 회사의 시스템에선 성과로 인정받을 수 없다. 입사할 때의 경력과 스펙을 기준으로 책정된 급여에서 1년에 한 번 호봉이 오르는 시스템이 전부다. 개인적인 칭찬, 격려 그 외에 나의 노력이나 창의물의 가치를 인정해 주는 시스템은 전무하다. 결국은 이렇게 찾아서 일하는 나만 바보인 셈이다.

내가 일하는 곳은 국가의 세금으로 운영되는 곳이다. 그러므로 모든 서비스를 무료로 제공하게 되어 있다. 그것도 나에게는 절망감을 안겨 주었다. 내가 힘들게 만든 결과물을 고객이라고 할 수 있는 근로자 또는 사업체에서는 당연한 것처럼 받아 간다. "우와, 이런 것도 해 줘요? 너무 좋네요!"라는 짧은 감탄만이 나의 일을 유일하게 인정해 주는 말일 뿐이었다. 현실적으로 나에게 남는 건 별로 없다는 것이 많은 회의감을 낳게 했다.

'책 쓰기'에의 도전은 단순히 나의 인생 이력을 정리하고 나의 전문분야를 드러내는 일만은 아니다. 나는 책 쓰기가 나의 가치를 제대로 인정받는 길임을 알게 되었다. 그리고 나의 가치를 인정받는 과정에서 누리게 되는 경제적, 시간적 풍요로움은 하나의 완성된 자아로 살아가는 데 필수적인 요건이라고 생각한다. 〈한책협〉은 〈책 쓰기 과정〉을 통해 글쟁이로서의 필력만을 다져 주는 곳은 아니다. 성공의 길로 갈 수 있게 성공자로서의 의식 전환, 의식 확장, 1인 기업가로서의 나를 마케팅하는 방법 등을 알려 준다. 어찌 보면 성공하는 길로 인도하는 전인교육장이라는 생각도 든다.

나는 책 쓰기를 준비하면서 다음과 같은 꿈이 생겼다. 예전에도 꿈이 없었던 것은 아니지만 지금은 좀 더 단단해지고, 구체화되었다는 것이 차이점일 수 있겠다.

- 하루에 한 시간씩 온전히 엄마로서 지친 기색 없이 아이와 놀아 주기
- 건강한 몸 만들기
- 1년에 한 번 해외여행 다니기
- 큰아이가 중2 때 가족들과 함께 1년 동안 세계 일주하기
- 나의 분야에서 최고의 강연가 되기
- 월 5,000만 원의 수입 창출하기
- 50평대, 방 5개인 집에서 살기

- 1년에 책 5권씩 출간하기
- 다른 사람들에게 동기부여하는 삶 살기
- 경제적으로 어려운 아이들을 돕는 재단 설립하기

책 쓰기는 나의 꿈을 이루어 주는 튼튼한 디딤돌이 되었다. 나는 그것을 주축으로 나의 장점을 살려 앞으로 나아가면 된다. 나의 꿈은 나를 배신하지 않을 것이다.

34

오늘의 나를 바꾸어
내일의 나를 달라지게 하기

김관우 **부동산 투자자, 경제의식 코치, 동기부여가**

현재 대기업에서 근무하고 있는 공대 출신 엔지니어다. 직장생활과 함께 글쓰기를 하고 있다. SNS를 통해 사람들과 인문학
콘텐츠로 소통하고 있다. 부동산 투자자로 활동 중이기도 하며 경제의식 성장을 위한 동기부여 코칭도 해 주고 있다. 현재
직장인들을 위한 자기계발서를 집필 중이다.

· C · P 010.7671.3236　　　　　　　　　　· Instagram read_for_rest

　　책을 쓰기 시작하면 세상을 바라보는 관점이 달라진다. 독자는
책을 구입해 독서하는, 그저 정보를 습득하고 익히는 소비자의 위
치다. 서점이나 인터넷에 나와 있는 책들, 즉 한정적인 정보 내에서
고르고 읽게 된다. 정보를 구매하고 받는 위치인 것이다. 하지만 책
쓰기를 하면 시중에 없던 것을 만들게 된다. 기존의 것들이 아닌
새로운 나만의 것을 세상에 내보내게 된다. 정보를 만들어 제공하
게 되는 것이다. 다시 말해 정보의 생산자가 되는 것이다.

　　나도 그동안 꾸준히 책만 읽었다. 읽고 또 읽었다. 나 자신을 변

화시키고 싶어 수많은 책을 읽었지만 누구나 그렇듯이 그저 지식만 축적해 가고 있었다. 정보를 수용하기만 하면 되는 줄 알았지 새롭게 만들어 내는 법을 몰랐던 것이다. 그러나 책 쓰기를 결심하고 나서 모든 것이 바뀌었다. 읽는 데 그치지 않고 스스로 정보를 만들어 내려 노력하게 된 것이다.

책을 쓰기 위해선 정보와 지식이 필요했다. 그래서 서적을 뒤지고 유용한 부분을 기록하게 되었다. 이 과정에서 내가 필요한 부분을 습득하고 편집하는 능력이 생겼다. 《에디톨로지》를 집필한 김정운 전 문화심리학 교수는 책과 강연에서 이렇게 설명했다. 창조란 정보가 넘쳐 나는 이 시대에 '기존의 것들을 새롭게 재구성하는 것'이라고. 자신에게 필요한 정보를 습득하고 이를 재편집하는 것이라고. 나는 책 쓰기를 통해 정보 소비자에서 정보 생산자로 스스로를 변화시키고 있다.

생산자로서의 사고방식은 직장생활을 해 나가는 데 많은 변화를 가져왔다. 이전에는 주어진 일만 아무 생각 없이 처리했다. 빨리 업무가 끝나기만을 바랐고 퇴근시간만 목 빼고 기다렸다. 새로움을 찾기보다는 매너리즘에 갇혀 있었다. 신선함과 생기를 잃어 가니 업무 효율이 낮은 것은 말할 것도 없었다.

하지만 책 쓰기를 시작하면서 변화했다. 쉽게 지나쳤던 것이 보이기 시작했고 꼼꼼해졌다. 정보를 찾고 새로운 것을 만들어 내는 습관이 업무 방식에도 적용된 것이다. 일의 순서도 기존과는 다르게 섹터별로, 특성별로 체계적으로 정했다. 글의 목차를 구성한다고 생각했다.

또한 '어떻게 하면 좀 더 효과적으로 빠르게 문제를 해결할 수 있을까?' 매번 고민한다. 기존의 방식들을 이해하고 융합해 새로운 아이디어를 제안하려 한다. 그러자 업무를 능동적으로 처리하게 됨은 물론, 처리 시간도 줄어들었다. 직장생활이 점점 나아지는 것을 느낀다.

책을 쓰려고 하는 순간, 제일 먼저 과거를 정리해 보게 된다. 자신이 가진 지식들과 지혜를 기억해 내려고 하기 때문이다. 마치 필요한 정보를 찾기 위해 컴퓨터 하드 드라이버에서 이 파일 저 파일을 찾는 것과 같다. 나는 책 쓰기를 하면서 잊고 살았던 과거의 기억들을 꺼내 보았다. 이 과정에서 그동안 살면서 놓쳤던 부분을 돌아볼 수 있게 되었다. 실수를 반복하지 않으려고 노력하게도 되었다. 또한 나 자신의 장점과 단점을 다시 생각하게 된다. 자신을 한 번 진지하게 돌아보는 계기가 되는 것이다. 그렇게 흩어져 있던 과거가 모여 스토리가 된다. 그리고 스토리는 책 속의 콘텐츠가 된다.

다음은 다가올 미래를 달리 생각하게 된다. 책을 쓰기 위해 좀 더 구체적이고 체계적인 계획을 세우게 되었다. 제품을 생산하는 과정에도 꼼꼼한 계획이 필요하듯이 책 쓰기에서도 이렇게 계획을 세우게 되었다. 이는 다가올 시간을 그럴싸한 계획으로 맞이하는 게 아니라 철저한 계획을 통해 자신이 원하는 방향으로 이끌 수 있게 한다. 아시다시피 책 쓰기의 최종점은 책을 출판해 세상에 긍정적인 효과를 끼치는 것이다. 내가 세운 집필 계획도 이에 따라 긍정적이게 되었고 자연히 밝은 미래를 꿈꾸게 되었다.

제일 중요한 건 현재를 살아가는 방식이 달라졌다는 것이다. 매일 생겨나는 수많은 문제와 선택의 기로에서 나만의 방향성을 정할 수 있었다. 흔들리지 않게 된 것이다. 책을 쓰고자 하는 철저한 미래계획이 있고, 그전에 과거를 되짚어 보았기 때문이었다. 내가 원하는 게 무엇인지 분명해졌기 때문에 판단력이 흐려지지 않는다. 같은 시간 속에서 하나라도 더 배우려 하고 그것을 어떻게 써먹을지 생각한다. 그만큼 오늘이 더 소중해졌다.

책 쓰기를 시작하면서 과거와 현재, 미래를 유기적으로 연결시키게 되었다. 의미 없던 과거들이 가치 있게 변했고, 한 시간두 허투루 쓰지 않는다. 시간을 아끼고 쪼개어 나에게 투자한다. 책 쓰기라는 자기계발을 통해 내 가치를 증진시키고 세상에 알리고 싶어진다. 자신의 가치가 올라간다면 원하는 것 또한 쉽게 얻을 수 있을 것이다. 그게 돈이든, 시간이든, 감정이든.

자기계발의 끝은 책 쓰기라고도 한다. 나는 자기계발이란 자존감을 높이는 거라고 생각한다. 자존감의 사전적 의미는 자신의 내

부의 성숙된 사고와 가치에 의해 얻어지는 의식이다. 책 쓰기를 할 때 어떤 내용을 어느 꼭지에 쓸까 고민하게 된다. 이런 고민은 사고를 성숙시킨다. 그리고 글을 완성시키면 자신의 생각에 확신이 서게 된다. 이렇게 성숙된 사고와 확신은 수많은 외부 압력으로부터 나의 자존감을 지켜 주었다. 책 쓰기는 나를 지키는 힘이 되어 주었다.

심리학자 기시미 이치로의 저서 중에 《아무것도 하지 않으면 아무 일도 일어나지 않는다》가 있다. 책에서는 지금의 나를 바꾸어 내일의 나를 달라지게 만들라고 한다. 현실에 안주하지 않고 자신을 변화시키고자 한다면, 주위에서 펜과 종이를 찾아보자. 가장 쉽게 나를 바꿀 수 있는 방법이 책 쓰기가 아닐까.

내 인생을 바꾼 책 쓰기의 힘

책 쓰기를 통해 기적 일으키기

송애란 공인중개사 사무소 대표, 자기계발 작가, 동기부여가

많은 사람들에게 부동산을 통해 경제적·시간적인 자유를 이루도록 돕는 컨설턴트로 활동하고 있다. 현재 부동산을 주제로 개인저서를 집필 중이다.

• Blog blog.naver.com/ellim1077   • C · P 010.9500.9025

스산한 바람이 부는 황량한 벌판에 갈 곳을 알지 못하고 홀로 서 있는 어린아이. 어린 시절을 생각할 때면 언제나 떠오르는 이미지다. 전라남도 남쪽 끝, 2시간 정도 걸어가면 갯벌이 나오는 동네. 농한기 때면 종종 엄마는 갯벌까지 반찬거리를 머리에 이고 2시간을 걸어오셨다.

대장부 기질로 태어나신 엄마. 소심한 선비 기질이신 아버지. 반대 성향의 두 분은 하루가 멀다 하고 싸우셨다. 두 분의 인생은 두

분 각자에게 너무나 버겁고 힘겨웠다. 그래서 자녀에게 신경 쓸 여유가 없었다. 어린 나는 두 분의 사이에서 상처가 깊어 갔다. 집을 떠나고 싶은 마음이 간절했다.

그 간절함이 이루어져 초등학교 4학년 말에 서울로 전학 왔다. 서울에서 공장에 다니시던 고모님이 일방적으로 나의 전학을 신청하신 것이다. 공부를 잘하니 서울에서 공부해야 한다는 생각에서였다. 부모님은 이 일을 나 몰라라 하셨다. 학비와 생활비 등을 모르쇠로 일관하셨다. 하지만 공장에 다니시던 고모님의 수입이 얼마나 되었겠는가? 고모님은 부모님에 대한 섭섭함을 내게 풀어내셨고, 부모님은 고모님에 대한 원망을 내게 푸셨다. 중간에 끼인 내가 갈 곳은 없었다. 살아야 할 이유도 알 수 없었다. '나는 왜 태어났을까?' 나의 삶 자체가 내게는 무거운 짐이 되었다.

나는 무엇 때문에 살아 있는 걸까? 아프고 멍든 가슴을 부여안고 있으니 공부가 될 리 없었다. 어릴 때부터 방황에서 헤어 나오지 못했다. 세상의 모든 일이 관심 밖이었다. 채워지지 않는 가슴, 공허한 마음으로 아무것도 할 수 있는 게 없었고 하고 싶은 마음도 없었다. 이런 상태를 개선해 보고자 나름대로 노력했다.《잠재의식의 힘》과《시크릿》을 읽고 활용해 보고, 종교를 통해서 해결해 보려고도 했다. 그러나 상태는 그대로였다.

대학 시절에 사랑하는 사람을 만나 아프고 힘들게 결혼했다. 결혼하면 외로움과 슬픔이 치유될 것으로 믿었다. 하지만 결혼 후 잠간은 괜찮았는데 시간이 갈수록 외로움과 슬픔은 더욱 심해졌다.

아이가 태어나고 나는 사회생활을 접었다. 아이 키우기에만 전념하자 우울증이 심해졌다. 그때 하나님의 살아 계심과 예수님이 나의 구주되심을 깨닫게 되었다. 그 후 몇 년 동안 격동하던 마음이 깊은 물처럼 평안해졌다. 그러나 해결되지 않는 경제적 문제와 수십 년 쌓아 온 어둠의 그림자는 깊이 도사리고 있는 복병이었다.

예수님의 사랑을 깨달은 후 몇 년이 지나자 첫사랑이 식듯이 마음에 어둠이 깃들기 시작했다. 삶이 무의미하고 이 세상에 살아 있는 이유가 불분명했다. 아침에 일어나면 새날의 시작이 막막하고 어떻게 하루를 채워 나가야 할지 먹먹했다. 내가 없어진다면 아이들은 어떻게 될까, 심각하게 고민하기도 했다.

이렇게 마음을 추스르기가 힘들 때 내가 선택한 도피처는 인터넷에서 찾은 판타지 소설 읽기였다. 나의 성향상 소설을 읽기 시작하면 그 세계 속에 푹 잠겨서 현실을 잊는다. 무거운 주제보다 가벼운 먼치킨 소설을 읽으면 나의 상태를 잊을 수 있고 잠시나마 기분이 나아졌다. 그러나 이는 좋은 방법이 아니란 걸 잘 알고 있었다.

그래서 다음으로 택한 발버둥이 시간을 바쁘게 채워서 딴생각을 못하게 하는 방법이었다. 부동산 중개사 자격을 취득하기 위해 공부를 시작한 것은 그 일환이었다. 평소 관심이 있던 분야여서 1년 만에 자격증을 취득했다. 그동안 정신없이 시간이 지나갔다.

부동산 사무실을 오픈하고 일을 하다 보니 나의 이름으로 된 책의 필요성을 느끼게 되었다. 인터넷을 검색하던 중 〈한책협〉을 알게 되어 책 쓰기 코칭을 신청하게 되었다. 책은 쓰고 싶은데 어떻게 시작해야 할지 너무나 막막했다. 하지만 〈한책협〉의 시스템을 따라가며 많은 새로운 것들을 알고 깨닫고 경험할 수 있었다. 그렇게 놀라움의 시간들을 맞닥뜨리고 있다. 말 그대로 인생 2막을 시작했다고 할까!

먼저 한 것은 의식 확장을 위한 책 읽기다. 의식 확장! 쉬운 말로 정신 성장이라 할 수 있겠다. 내게는 치유의 과정이다. 수십 년 동안 켜켜이 쌓아 온 어둡고 부정적인 생각과 믿음을 정화하는 과정 말이다.

"항상 기뻐하라. 범사에 감사하라."라는 성경 말씀을 실천한다고 생각했다. 그러나 표면적인 변화는 변화가 되지 못했다. 그 이유가 바로 삼재의식 때문이라는 것을 알았다. 현재의식이 1이라면 잠재의식은 600에 해당한다. 빙산의 일각인 현재의식을 바꾸어도 잠재의식은 쉽게 변하지 않는 이유가 여기에 있다.

잠재의식을 바꾸는 방법을 알려 준 책이 바로 고이케 히로시 작가의 《2억 빚을 진 내게 우주님이 가르쳐준 운이 풀리는 말버릇》이다. 이 책을 읽고서 아침마다 내가 왜 우울하고 처진 기분으로 깨어나는지 알게 되었다. 그리고 그것을 바꾸는 방법을 알게 되었다. 몇 주 동안 그 방법대로 꾸준히 실천하다 보니 내면이 점점 바뀌어 갔다. 평소의 우울하고 처지는 기분이 사라져 갔다. 그리고 그 자리에 감사와 희망과 즐거움이 자리하기 시작했다. 놀라운 것은 태어나서 처음으로 나의 출생을 감사하게 되었다는 것이다.

다음으로 한 것은 버킷리스트 적기였다. 처음에 이 과제를 받았을 때 아주 막막했다. 나를 돌이켜 보았다. 그랬더니 그동안 원하는 것은 있으나 그저 막연히 생각만 하고 있었다는 것을 알았다. 뚜렷하게 구체화시켜 본 적이 없었다. 그리고 원하는 것이 그리 많지도 않았다. 삶 자체가 의미가 없었기 때문에 당연히 원하는 것도 없었던 것이다. 이것을 깨닫고 나자 현재의 내 삶이 바로 내 마음의 소원이 이루어진 상태라는 것을 알 수 있었다.

'아! 정말 마음의 소원이 이루어졌구나!'
'그럼 앞으로의 내 마음의 소망도 이루어지겠구나!'

나는 지금 버킷리스트를 작성해 나가고 있다. 희미하게 하고 싶었던 것, 이루고 싶었던 것들을 구체화하는 작업을 하고 있다. 현실로 나타날 것들이기 때문에 신중하게 구상 중이다. 〈책 쓰기 과정〉이 진행될수록 내게 일어날 기적들이 무엇일지 정말 기대된다.

〈한책협〉에서 코칭하는 책 쓰기는 단지 책 쓰기가 아니다. '인생 새로 쓰기'다. 책 쓰기 과정의 초기인데도 나의 생각과 행동과 습관이 바뀌고 있다. 그리고 나의 인생이 바뀌고 있다.

36

책 쓰기로 명확한 나 만나기

정서빈 〈감정치유독서연구소〉 대표, 강연가, 감성독서 연구가, 자기계발 작가, 동기부여가

〈감정치유독서연구소〉 대표로서 감정 치유를 위한 독서법을 연구하고 있다. 자신의 성장을 통해 세상에 좋은 영향을 끼치는 삶에 큰 가치를 두고 함께 아름다운 세상을 만들어 가고자 노력하고 있다. 저서로는 《버킷리스트 17》이 있고, 현재 감정으로 힘들어하는 사람들이 내 감정의 주인이 되어 행복한 삶을 살아갈 수 있도록 해 주는 개인저서를 집필 중이다.

• Email guitar1233@naver.com
• C·P 010.3481.1233

• Blog blog.naver.com/guitar1233
• Instagram jungseobeen

살아가면서 명확한 나를 만나는 일은 너무도 중요하다. 흐릿한 생각으로는 제대로 된 삶을 살아갈 수 없다. 세상에는 자신이 얼마나 귀한 존재인지 모르고 외부의 영향에 부대끼며 살아가는 사람들이 얼마나 많은가.

나는 어렸을 때 거대한 꿈을 꿨다. 날아가는 비행기를 바라보면서 꼭 큰 세상으로 나아가겠다고 다짐했다. 나의 삶의 무대는 세계라고 믿었다. 어렸을 땐 '꿈꾸는 일이 어떻게 이루어질까?'라고 고민하지 않았다. 세계라는 커다란 무대로 나아갈 것이라는 굳은 믿음이 있었을 뿐이다.

시간이 지날수록 점점 삶에 한계를 만드는 어른이 되었다. 남들이 가는 길을 고스란히 걷고 있었다. 직장에 들어간 지 얼마 안 되었을 때 친구가 함께 영국으로 유학을 가자고 했다. 나는 가고 싶은 마음은 있었지만, 어렵게 들어온 직장을 포기할 만한 용기가 없었다. 영국이라는 나라가 내가 간절히 바라는 나라도 아니었다. 원하는 것이 뚜렷하게 없는 흐릿한 사람이었다. 나 자신이 얼마나 가치 있는 존재인지조차 알지 못하고 회사의 직원으로 살아가는 사람이었다.

그렇다. 책을 쓰기 전에는 나의 꿈도 비전도 명확하지 않았다. 명확하지 못한 생각으로 이리저리 흔들리며 괴로운 감정을 느꼈다. 부닥쳐 가며 원하지 않는 일이라는 것을 깨달았다. 그러면서 하나씩 알아 가는 수밖에 없었다. 신은 시련과 고통을 통해 자신의 가치를 발견하게 해 준다. 나는 삶이 알려 주는 시련과 내 감정의 고통을 통해 책 쓰기라는 도구를 갖게 되었다.

벽에 붙여 놓은 '베스트셀러 작가가 되었다'라는 문구가 우주에 선포되어 나는 어느새 세 번째 책을 쓰고 있다. 한동안 많은 책을 읽었다. 결혼하고 일도 육아도 아닌 오로지 책에 빠져 살았다.

결혼하고 새로운 지역으로 오면서 직장을 다니려고 시도했다.

하지만 면접관들은 하나같이 "결혼한 지 얼마 안 되셨네요. 임신계획 있으세요?"라고 물었다. 당분간 없다고 대답해도 뽑아 주는 곳은 아무 데도 없었다. 내 시선에 나는 아직 젊은 여성인데 사회에서는 나를 곧 임신할 새댁으로만 보았다.

그래서 미친 듯이 책을 읽게 되었다. 책을 읽으면서 그동안 외부의 영향으로 생긴 생각들이 하나둘씩 정리되고, 나만의 생각들이 생겨나기 시작했다. 사람은 시련을 통해 더 큰 기회를 얻을 수 있다. 하지만 독서만으로는 명확한 나를 만나기가 어려웠다.

결혼하고도 외부의 환경들은 여전히 존재했다. 시댁, 친정, 가족모임, 친척모임, 부부동반모임, 결혼식, 돌잔치에 모두 참석하다 보니 주말이 없었다. 신혼부부인 우리에겐 둘만의 시간이 필요했지만 서로에 대해 알아 갈 시간이 부족했다. 외부 환경이 아닌 내가 명확하지 않은 생각을 가졌기 때문에 만들어진 현실이었다.

책을 읽을 때는 사람들이 나를 한가한 사람으로 여겼다. 하지만 책을 쓰고 있는 지금 나는 내 시간이 가장 귀하다는 것을 안다. 무엇보다 내 꿈을 위해 보내는 시간이다. 시간에는 한계가 있기 때문에 오로지 내가 우선되어야 한다는 것을 깨달았다. 그리고 사랑하는 가족들에게 존중받는 딸, 며느리, 아내가 되었다. 나 자신이 시간의 소중함을 알자, 다른 사람들도 나의 시간을 소중히 여겼다.

책 쓰기의 힘은 엄청나다. 머릿속의 생각들과 가슴속의 감정을 꺼내 키보드로 입력한다. 그것들을 글씨로 표현하는 일은 곧 나의 꿈과 비전을 모니터에 그리는 일이다. 나는 꿈을 찾아 헤매느라 20대에 감정을 허비했다. 감정뿐만 아니라 시간과 에너지도 낭비했다. 하지만 괜찮다. 꿈을 찾기 위한 과정이었으니까.

책을 쓰면서 객관적으로 바라보니 직장에서 받았던 상처도 별것 아니었다. 누군가를 탓할 일이 아님을 깨달았다. 그러면서 가슴의 상처는 치유되었다. 가슴의 상처는 꿈을 향해 가는 자신의 발목을 잡는 밧줄이 된다. 하지만 나는 책 쓰기를 통해 그 밧줄을 풀어낼 수 있었다.

무엇보다 책을 쓰면서 나의 생각이 뚜렷해지고, 단단해졌다. 사소한 것 하나 결정하지 못해 시간을 낭비했던 내가 명확한 나로 다시 태어났다. 내가 명확해지니 좋은 점이 많다. 삶을 오로지 나를 위해 살아갈 수 있다. 그렇다고 주변을 돌보지 않는다는 뜻은 아니다. 자신을 이해하고 스스로를 위해 살아갈 때 주변을 더 잘 돌아볼 수 있는 법이니까. 사신을 알지도 못하는 사람이 다른 사람을 어떻게 안단 말인가. 아무리 타인을 이해하고 배려해도 자신의 삶을 제대로 살아가지 못하면 그만한 시간 낭비는 없을 것이다.

책을 쓰자 나에게 더 큰 꿈이 떠올라 가슴을 설레게 했다. 전에는 막연하게만 느껴졌던 일들이 구체적이고 뚜렷해지기 시작했다. 그리고 열정이라는 내 안의 성냥개비에 켜진 조그만 불이 화산처럼 거대해졌다. 나는 명확하고, 강한 사람이 되었다.

다시 어렸을 때의 꿈의 장소를 찾아와 명확한 비전을 합쳐 꿈을 이루는 법을 터득했다. 글을 쓰면서 집중하는 나의 생각이 강한 힘을 발휘했다. 바로 집중력이다. 내가 원하는 곳에 집중하면 우주에 선포되어 반드시 이루어진다.

오늘 사업하는 지인에게서 전화가 왔다. 경영자와 작가의 입장에서 3년 뒤 원하는 수입이 같았다. 200억 원이다. 사업가에게는 이미 도달한 금액, 또한 익숙한 목표 금액이다. 하지만 내가 글을 쓰지 않았더라면 200억 원이라는 목표는 멀게만 느껴졌을 것이다. 나는 그동안 직장에서 월급만을 받으며 살아왔기 때문이다.

하지만 지인의 목표는 나에게도 언제든지 성취할 수 있는 목표가 되었다. 다른 누군가에게 삶의 목표를 정확하게 말할 수 있고, 나눌 수 있다는 기쁨을 느꼈다. 내가 명확한 사람이 되자 나의 꿈과 비전은 더욱 커지고 강해졌다. 세상에는 한계가 없다는 것을 알 수 있었다. 오직 내 마음이 한계를 만들 뿐이다. 책 쓰기는 나에게 세상의 모든 한계를 부수고, 내 삶에 자유를 가져다주었다.

나는 생각을 말로도 잘 표현하지 못하는 사람이었다. 사람들이 모여 이야기할 때 거의 듣는 수준이었다. 나서서 말하는 것조차 꺼려했다. 하지만 글을 쓰면서 생각이 뚜렷해졌고, 말로 표현하는 일에 자신감이 생겼다. 또한 내가 운영하는 블로그에 글을 쓰면 많은 사람들이 고민이나 공감의 댓글을 아주 길게 남긴다. 그들이 내 이야기를 읽고, 자신의 고민도 털어놓으며 서로 소통하게 되었다. 내가 경험했던 일들이 누군가에게 공감이 되고, 용기가 될 수 있다는 점에 새로운 감정을 느낄 수 있었다.

블로그의 반응은 책 출간을 앞두고 나의 가슴을 설레게 했다. 나의 삶의 무대가 작은 도시가 아닌 인터넷 공간과 서점들, 어느 한계도 없이 무한대로 늘어났기 때문이다. 내 생각과 비전, 가치관을 많은 사람들과 나눈다는 사실이 너무도 행복하다.

직장에서는 직급이 없어진 대신 "A 님" 이렇게 불리곤 했다. 하지만 지금은 출판사와 많은 사람들로부터 작가님 또는 작가 선생님이라고 불린다. 책을 썼을 뿐인데 나에 대한 사회의 신뢰도가 높아졌다. 얼굴조차 못 보고 직접 대화도 안 해 본 사람들이 내 글을 신뢰한다는 것을 댓글을 통해 알 수 있었다. 나는 책 쓰기를 통해 영향력 있는 사람이 되었다. 점점 영향력을 넓혀 많은 사람들에게 동기부여를 해 주고, 선한 영향력을 널리 퍼뜨리는 작가, 강연가가 될 것이다.

하루는 전 직장에서 나에게 직원으로 와 줬으면 좋겠다고 했다. 하지만 나는 책을 쓰면서 생각이 명확해졌고, 나의 가치를 깨닫게 되었다. 그렇게 이룰 꿈과 비전이 있기 때문에 거절했다. 결혼하기 전에는 면접에서 떨어져 본 적이 없던 내게 결혼과 함께 매번 거절당한 경험은 시련이었다.

하지만 책 쓰기는 내 삶을 내가 선택할 수 있는 힘을 길러 주었다. 다른 누군가에게, 외부 환경에 지배당하는 내가 아닌, 스스로 선택하는 삶을 살게 해 주었다. 또한 다른 누군가에게 이끌려 가는 사람이 아닌, 많은 사람들을 이끄는 사람이 될 수 있는 나로 만들어 주었다. 책을 쓰는 일을 통해 내 생각과 상상이 현실이 된다는 것을 확신할 수 있었다. 나는 내가 원하는 삶을 얼마든지 누릴 수 있는 최고의 기회를 얻었다.

37

책 출간해 상상을 현실로 창조하기

배　훈 주식 멘토, 자기계발 작가, 동기부여가

(주)해성디에스에서 대리로 재직 중이다. 사회복지법인 나눔터 운영위원으로 활동하고 있다. 작가이자 동기부여가이며 주식을 잘 모르는 직장인들의 멘토로서 상담활동을 하고 있다. 현재 자기계발을 주제로 개인저서를 집필 중이다.

• Blog blog.naver.com/shareinvest　　　　• C · P 010.6650.3877
• Instagram hun96.bae

　　나는 아침형 인간이기보다 쇼트 슬리퍼(short sleeper)라고 말할 수 있다. 나의 취침시간은 11시 20분, 기상시간은 평일 항상 5시 20분이다. 회사와 집은 5분 거리에 있다. 처음에는 시내 헬스클럽에서 아침 운동을 했었다. 그러다 출근 시 이동에 소비되는 시간이 적지 않아 회사에서 운동하게 되었다. 매일 30분간 러닝, 15분간 부위별 근육운동, 20분 정도 스트레칭을 한다. 그러곤 샤워 후 사내 식당에서 아침식사를 해결하며 시간을 절약한다.

　　업무 전 30분간은 성경 읽기에, 점심식사 후 30분가운 독서에 투자한다. 직장 동료들이 이렇게 물어본다. '안 피곤하냐고, 잠 안 오냐고.' 물론 약간은 피곤하다. 하지만 "죽으면 많이 잘 수 있기 때문에 좀 덜 자도 된다."라고 이야기한다. 내가 제일 아까워하는 시간은 수면시간이다. 나는 휴일에도 평일과 비슷하게 6시대에 기상한다. 아내는 그런 나에게 불만이 많다. 내가 너무 일찍 일어나기 때문이다. 휴일이면 딸도 등교하지 않는 만큼 자신도 늦잠을 푹 자고 싶기 때문이다. 어느 주부인들 그렇지 않겠는가.

운동을 시작한 계기가 있었다. 12년 전 무릎과 팔꿈치에 통증이 오기 시작했다. 특히 비가 내리기 직전에 고통이 더 심했다. 처음에는 류머티즘 관절염인 줄 알았다. 그래서 회사 건강검진 때 골밀도 검사를 추가해 검진을 받았다. 몸무게가 47킬로그램인데 골다공증 판명을 받았다. 더 놀라운 것은 뼈 나이가 72세라는 것이었다. 삼성병원 담당 교수가 무슨 이런 황당한 경우가 있느냐고 했다. 그러면서 강도 높은 운동을 권유했다.

헬스클럽에 등록하자 트레이너가 인보디로 신체 측정을 해 주었다. 체지방 1%. 전문적으로 화보를 만드는 연예인을 제외하고 헬스클럽 측정 장비 도입 후 최저 수치라고 했다. 수치상으로 근육은 없고 뼈에 살이 약간 붙은 그런 상태였다.

운동을 통해 3년 후 골다공증은 완치되었다. 근육이 서서히 붙으면서 몸의 라인이 변화되는 것을 느낄 수 있었다. 운동을 통해 가슴과 어깨를 펴고 걷게 되자 자신감이 생기기 시작했다. 근육과 지방이 점차 늘어 체중도 현재 10킬로그램 증가했다. 체지방률, 체질량지수도 정상 범위에 들고 있다. 운동하기 전에는 남성복의 바지허리가 맞지 않아 옷을 살 때 정말 고민이었는데, 지금은 그 고민을 덜고 있다. 지금도 운동을 꾸준히 하고 있다.

예전에 나는 쇼트 슬리퍼가 아니었다. 주중에는 〈MMORPG (Massive Multiplayer Online Role Playing Game; 대규모 다중 사용자 온라인 롤 플레잉 게임)〉 게임을 했다. 퇴근 후에는 PC에 접속해 늦게까지 작업장(게임머니가 많이 나오는 곳, 아이템이 잘 나오는 장소)에서 괴물을 죽이는 게임을 반복적으로 하면서 레벨을 올리는 〈리니지〉 폐인이었다. 게임상 필요한 재료를 사고팔기 위해 하루 종일 PC를 켜 놓을 때도 있었다.

주말에는 구매했던 영화를 보며 새벽 2시를 넘길 때가 많았다. 게임은 회사에서 힘든 일이 있거나 스트레스를 받았을 때 몰입할 수 있어서 좋았다. 영화는 힘든 현실에서 벗어나 웃고 즐기며 몰입할 수 있어서 좋았다. 늦게 자고 늦게 일어나는, 어디에도 없는 게을러 터진 인간형이었다. 시간이 되면 출퇴근을 반복하는, 꿈도 비전도 없는 현대판 노예, 좀비 생활을 하고 있었다.

나는 삼성에서 20년간 근무했다. 회사에서는 연 1회 조직개발 교육을 시켜 줬다. 외부에 호텔을 잡아 2박 3일간 교육을 시키는 것이다. 신입사원 때는 아무 생각 없이 회사가 보내니 그냥 참석했다. 그러다 결혼 후부터는 참여 태도가 바뀌었다. 가장으로서 책임감이 느껴졌다. 초빙되는 대부분의 강사분들이 동기부여 강연가였다.

삼성 관계사에 강사로 초빙될 정도면, 이미 다른 곳에서 검증을 마친 분들이다. 경영혁신, 시간관리, 자기계발에 대한 강의가 대부분이었다. 그중 제일 기억에 남는 강의가 있다. 바로 시간을 세부적으로 사용할 수 있는 방법, 일의 우선순위를 정하는 방법을 알려 준 강의다. 강의를 듣고 이번 교육에서만큼은 변해 보리라 다짐했다.

첫 변화는 독서로 정했다. 다음 날 사내 도서관으로 달려가 시간관리에 관한 책을 읽기 시작했다. 이때의 독서 습관이 현재까지 이어져 '1주 1권 읽기'를 실천하고 있다. 책 읽는 습관이 생기면서 지식이 점점 쌓이는 느낌이었다. 또한 자신감과 자존감이 회복되는 것을 느꼈다. 한 동기부여 강연가를 통해, 하루 30분의 독서를 통해 한 사람의 인생이 바뀐 것이다.

책을 읽을 때 나름 정해 놓은 비율이 있다. 자기계발서만 반복해서 읽으면 의식 개혁이 무뎌진다. 나는 자기계발서, 단편소설, 에세이를 2:1:1의 비율로 읽었다. 그러던 중 2018년 따스한 봄날 한 책 제목이 나에게 꽂혔다. 《성공해서 책을 쓰는 것이 아니라 책을 써야 성공한다》. 〈한책협〉 김태광 대표 코치의 책이다. 제목부터 내 마음을 확 사로잡아 버렸다. 제목에 너무 많은 내용이 함축되어 있었다.

책에는 '성공하려면 책을 써야 한다', '스펙에 집중하지 마라'라고 나와 있었다. 지금 당장이라도 책을 써야 할 것 같았다.

SNS 마케팅 전문 코치이자 〈한마협〉 신상희 대표님과는 책을 내기 전부터 알고 지냈다. 이분은 책 출간 후 강의가 쇄도해 창원에서 분당으로 이사를 오셨다. 이사한 바탕에 〈한책협〉이 있음을 알았다.

〈한책협〉에 와 보니 놀랍게도 내가 〈한책협〉 출신 작가들이 출간한 《부동산 100문 100답》, 《앞으로 5년 부동산이 답이다》, 《수익형 부동산의 99%는 입지다》, 《나의 꿈 월세로 천만 원 벌기》, 《돈이 없을수록 부동산 경매를 하라》, 《고객이 스스로 사게 하라》 등을 읽었다는 사실을 알았다.

여기에 김태광 대표 코치의 책 《꼴찌, 신용불량자에서 페라리, 람보르기니 타게 된 비법》은 화룡점정이었다. 책은 누구나 겪을 수 있는 이야기들로 구성되어 있었다. 나도 학창 시절 공부를 못했다. 나도 책을 쓰고 싶다는 생각은 많이 했다. 하지만 책은 성공한 사람이나 해당 분야에 특출한 경험이 많은 사람들이 쓰는 것인 줄 알았다.

〈한책협〉이 궁금해서 〈한책협〉 카페에 가입한 후 엄청난 변화를 경험했다. 나는 한 달 만에 벌써 공동저서 2권을 집필 중이고 곧 개인저서를 쓸 계획이다. 〈한책협〉에서 출간된 책들을 읽고 나도 책을 쓸 수 있다는 자신감을 얻게 되었다. 〈한책협〉에서 출간된 책들은 제목에서부터 임팩트가 느껴진다. 지인들에게 책 제목에 대해 문의해 보면, 제목을 보고 책을 사고 싶거나 어떤 내용이 들어 있는지 호기심이 생긴다고 말한다.

며칠 전 봉사활동을 같이 하는 친구를 만났다. 내가 책을 쓰고 있다고 이야기했더니 어이없다는 눈빛으로 쳐다보는 것이었다. 정말 기분이 좋지 않았다. 하지만 더 도전의식을 가지게 되었다. 책을 써서 이런 사람들이 미안해할 정도로 성공하면 되는 것이다.

이런 의식적인 부분이 약해질 때가 있다. 그래서 매일 성공 확신을 적는다. 의식을 강화하는 데 큰 도움이 된다. 동료 작가분들의 댓글도 많이 도움이 된다. 그렇게 도움을 받으며 내가 책을 써야 하는 이유를 생각해 보았다.

첫째, 메신저가 될 수 있다.

나는 책을 통해 메시지를 받았다. 그렇듯이 내가 경험하고 관심 있는 일에 대해 연구한 것을 책에 적음으로써 다른 사람들에게 비전을 제시할 수 있도록 영혼의 메신저가 되어 주는 것이다.

둘째, 더 성장하는 계기가 된다.

책을 쓰면 그 분야를 많이 공부하고 집중해서 파고들게 된다.

셋째, Reading하는 삶에서 다른 사람의 삶을 Leading하는 삶을 살게 된다.

배훈

독자의 삶에서 다른 사람들에게 영향력을 미치는 삶을 살게 된다.

넷째, 나의 스펙이 완성된다.

책 출간보다 더 나은 스펙은 없다. 책이 곧 나의 브랜드가 된다.

꿈을 이야기할 때 이야기만 하는 사람과 그 꿈을 이루려 노력하는 사람 두 부류로 나뉜다. 꿈은 클수록 이루는 것도 크다. 한 치 앞만 보고 가면 한 치 앞밖에 보지 못한다. 최고를 바라보고 가야 최고를 만날 수 있다. 운동, 음악, 미술 등 레슨을 받을 때 가격 때문에 주저하지는 않는가? 프로의 세계는 돈이 좌우한다. 돈이 곧 그 사람의 명함이라 해도 과언이 아니다. 지불한 돈만큼 제값을 한다. 지불한 돈만큼 제값을 못하면 시장에서 소멸된다.

누구나 차를 만들 수 있다. 그러나 아무나 최고 수준의 차를 만들 수는 없다. 최고의 전문가들이 모일 때 최고의 제품이 나오는 것이다. 당신은 최고가 되고 싶은가? 그럼 그 분야의 최고를 만나야 한다.

난 지금 전 세계의 최고를 만나 내 꿈을 펼치고 있다. 바로 〈한책협〉의 김태광 대표 코치다. 책 쓰기에 있어 타의 추종을 불허하는 분이다. 〈한책협〉은 작가를 위한 최고의 종합적 관리시스템을 갖추고 있다. 요즘 읽고 있는 책, 네빌 고다드의 《상상의 힘》에 이런 말이 있다. "상상이 현실을 창조한다." 상상하면 이루어진다. 믿기만 하면 이루어지는 것이다.

　'나는 지금 베스트셀러 작가가 되어 교보문고에 사인회 하러 가
는 중이다.'

늘 깨어 있는 상태에서 진솔하고
양심적으로 책 쓰기

이희수 〈한국재취업코칭협회〉 대표, 재취업코칭 전문가, 취업 컨설턴트, 강연가, 자기계발 작가, 동기부여가

현재 고용복지플러스센터 내 여성새로일하기 팀에서 직업상담사로 근무 중이다. 재취업을 준비하는 구직자들과 희로애락을 함께해 온 상담 경력 1만 시간 이상의 전문 컨설턴트다.

• Email tema117@epost.kr   • Blog blog.naver.com/tema117
• Instagram coachleehs

책 쓰기는 나의 인생을 바꿔 놓는 계기가 되었다. 학창 시절에도 글짓기에는 영 소질이 없었다. 글짓기는 약간의 창작을 해야 하기 때문이다. 창작이란 무에서 유를 창조하는 것을 말한다. 하지만 책 쓰기는 지금까지의 인생 경험을 잘 풀어내면 된다. 미묘한 차이라고는 하지만 나는 책 쓰기로 엄청난 인생의 전환점을 맞이하게 되었다. 책 쓰기를 통해 나의 소중한 꿈을 찾았기 때문이다. 반세기를 살아오면서 얻은 인생의 경험과 깨달음을 책 쓰기를 하며 재정리하는 기회를 가졌다.

사람들은 흔히들 말한다. 꿈을 가지자. 꿈을 만들자. 꿈을 실현하자. 꿈을 찾자. 꿈을 향해 도전하자 등등. 그렇다면 꿈이란 무엇인가? 꿈을 가지려는 것은 욕심일까? 꿈을 실현하려는 것은 자신의 욕심일 수도 있다. 다시 말하면 그 욕심을 채우기 위한 행동을 미화시키는 것을 말할 수도 있는 것이다. 꿈이라는 명제를 이용하려는 것일 수도 있기 때문이다.

꿈을 향한 도전에 건전한 자신의 욕심에 더해 양심이 추가되어야 하는 이유다. 즉, 자신의 꿈을 실현하기 위해서 타인에게 해를 끼치는 행위는 하지 말아야 한다는 것이다. 이를테면 다단계 시스템을 한 예로 들 수 있다. 다단계를 교육시킬 때면 처음부터 끝까지 꿈을 이야기한다. 사람들은 거기에 속아 자신이 대단한 꿈맥을 찾은 것처럼 착각하게 되는 것이다.

개구리가 거대한 가마솥 안에서 처음에는 열심히 헤엄치며 논다. 그러나 그 가마솥 아래에는 장작불이 있다. 솥 안의 물을 데우기 위해서다. 개구리는 그것도 모른 채 데워지는 물속에서 서서히 죽어 간다. 마치 그것과 같은 상황이다. 그렇다고 누굴 원망할 수도 없다. 자신의 무지임을 깨닫는 순간 이미 개구리처럼 죽음을 맞이하고 있을 것이다. 이렇듯 꿈을 찾는다는 명제 아래 소중한 자신의 양심을 파는 일은 하지 말아야 한다. 그 대상이 자신이든 타인이든 말이다.

나는 꿈을 찾는 방법을 세 가지로 정리해 보았다.

첫째, 자신의 양심이 시키는 일을 하자.

자신에게 좋은 것이 타인에게 피해를 주는 일은 아닌지 따져 봐야 한다. 이를테면 백만장자가 자신의 꿈이라고 하자. 그 백만장자라는 꿈을 실현하기 위해서 사행심을 조장하는 행위는 금해야 한다는 것이다. 예를 들어, 불법 게임기를 만드는 것을 들 수 있다. 즉, 자신의 꿈을 이루겠다고 타인의 소중한 재산을 탕진하게 만들면 안 된다는 말이다. 결과가 좋다고 다 좋은 것은 아니다. 과정도 중요한 것이다. 가슴이 시키는 일이 곧 양심이 시키는 일이다.

자신의 양심이 구현되어야 이타적이 된다. 한 가지 예를 들어 보자. 박근혜 전 대통령 탄핵의 주요 인물이 최순실이라는 것을 우리나라 국민이면 다 알 것이다. 하지만 박근혜 전 대통령이 양심이 있었다면 그런 일은 일어나지 않았을 것이다. 자신의 꿈을 찾는다는 명제 아래 양심을 저버리는 일은 이제는 없어야 한다. 성경에서도 양심을 저버리는 일은 하지 말라고 한다. 하나님을 믿는 그리스도인이라면 아마 다 알 것이다.

둘째, 자신의 인생에 있어 소중한 가치를 떠올려 보자.

지금까지의 삶을 돌아보면서 소중하게 여기는 가치가 무엇인지 찾아보자. 이를테면 사랑이라든가 신앙, 효도, 행복, 희망, 자존감 등을 들 수 있을 것이다. 이렇게 자신에게 의미가 있는 소중한 가치에 자신의 꿈을 두고 있는지 찾아보자.

자신의 가치를 어디에 두고 사는지도 이번 기회에 다시 한 번 점검해 보는 시간을 갖자. 예를 들어, 가치를 사랑에 두고 있다면 그 사랑이 어떤 사랑인지도 한번 생각해 보는 여유를 가지면 좋겠다. 연인으로서의 사랑인지, 아니면 부부로서의 사랑인지, 그것도 아니면 친구로서의 사랑인지 곰곰이 생각해 보자. 그러면 자신의 사랑이 어디에 초점이 맞춰져 있는지 알 수 있을 것이다. 그럼으로써 자신이 꿈꾸는 사랑인지 다시 한 번 꿈을 정립하는 시간을 갖자. 이런 방법으로 자신의 소중한 가치를 꿈으로 실현하자.

셋째, 자신을 객관적으로 바라볼 수 있어야 한다.

자신을 주관적으로 바라본다는 것은 자신을 모르는 것이라고 볼 수 있다. 자신을 엄격하게 살펴보아야 하는 이유다. 이것은 나 자신에게 하는 말이기도 하다. 간혹 자신에게 빠져 주관적으로 자신을 신격화하는 경우를 볼 수 있다. 이것은 스스로를 좌초시키는 길일 것이다. 자신을 냉정하게 객관화할 수 있어야 한다. 이것이 진정 자신의 꿈을 찾을 찾는 길이기 때문이다.

나는 책 쓰기를 통해 나 자신을 객관적으로 바라볼 수 있었다. 인생을 살아오면서 경험한 것들과 깨달음을 가장 진솔하게 쓸 수 있었기 때문이다. 가식적으로 책을 쓴다면 독자들이 금세 알아볼 것이다. 나는 그것을 안다. 서두에서도 말했듯이 글짓기가 아닌, 나의 삶을 재조명해 보는 책 쓰기는 자신을 가장 객관화할 수 있는 방법이다.

책을 쓰기 전에는 나의 꿈이 어디에 있는지도 모르고 살아왔다고 해도 과언이 아니다. 그저 하루하루 일상생활에 쫓기며 바쁘게 살아왔다. 책을 쓴다는 것은 꿈에도 생각해 본 적이 없었다. 더 솔직히 말하면 책 쓰기는 나와는 상관없는 것으로 알고 살아왔다. 어느 큰 우주의 힘에 이끌려 〈책 쓰기 과정〉에 등록하고 책 쓰기가 시작되었다. 〈한책협〉에서는 빠르게 원고를 쓰는 방법을 알려 준다. 나도 모르게 그 시스템을 따라 열심히 하다 보니 여기까지 오게 되었다.

개인저서는 물론이고 벌써 네 번째 저서를 쓰고 있다. 이제야 나의 소질을 발견할 수 있게 되면서 소중한 나의 꿈을 찾는 계기를 가졌다. 세상에 태어나 내가 가장 잘한 일이 책 쓰기라고 말할 수 있다. 아울러 김태광 대표 코치의 "성공해서 책을 쓰는 것이 아니라 책을 써야 성공한다."라는 말이 가슴에 와 닿았다. 물론 나의 욕심도 작용했을 것이다. 하지만 거짓 없이 양심적으로 진솔하게 책을 썼고 이제는 성공하는 일만 남았다. 믿는 자만이 그 성공을 이룰 수 있을 것이다. 믿는 대로 될 것이기 때문이다.

이렇듯 나는 책을 쓰고 꿈을 찾은 경우다. 평소에는 생각지도 못한 곳에서 꿈을 찾게 되었다. 나의 계획대로 세상이 돌아가면 얼마나 좋을까. 하지만 그렇게 되지 않으니 더욱 살아 볼 만한 것이 인생이다. 예기치 못한 곳에서 발견한 꿈이기 때문에 내 꿈은 소중하다. 늘 깨어 있어야 한다고 다시 한 번 다짐한다. 앞으로도 더욱 진솔하고 양심적인 책 쓰기에 몰입할 것이다. 나의 소중한 꿈을 찾아 준 책 쓰기의 힘이 있기 때문에 가능한 일이다.

이희수

내 인생을 바꾼 책 쓰기의 힘

초판 1쇄 인쇄 2018년 10월 8일
초판 1쇄 발행 2018년 10월 15일

지 은 이 김도사·이지현 외 36인 지음
펴 낸 이 권동희
펴 낸 곳 위닝북스
기   획 김도사
책임편집 박고운
디 자 인 김하늘
교정교열 우정민
마 케 팅 강동혁

출판등록 제312-2012-000040호
주   소 경기도 성남시 분당구 수내동 16-5 오너스타워 407호
전   화 070-4024-7286
이 메 일 no1_winningbooks@naver.com
홈페이지 www.wbooks.co.kr

ⓒ위닝북스(저자와 맺은 특약에 따라 검인을 생략합니다)
ISBN 979-11-88610-82-2 (03190)

이 도서의 국립중앙도서관 출판도서목록(CIP)은 서지정보유통지원시스템
홈페이지(http://seoji.nl.go.kr)와 국가자료공동목록시스템(http://www.nl.go.
kr/kolisnet)에서 이용하실 수 있습니다.(CIP제어번호: CIP2018031241)

위닝북스는 독자 여러분의 책에 관한 아이디어와 원고 투고를 설레는
마음으로 기다리고 있습니다. 책으로 엮기를 원하는 아이디어가 있으신 분은
이메일 no1_winningbooks@naver.com으로 간단한 개요와 취지, 연락처
등을 보내주세요. 망설이지 말고 문을 두드리세요. 꿈이 이루어집니다.

※ 책값은 뒤표지에 있습니다.
※ 잘못 만들어진 책은 구입하신 서점에서 교환해 드립니다.